KUWEI
酷威文化
图书 影视

奢侈品

The
curious
economics
of
luxury fashion

经济学

Don Thompson

[加拿大] 唐·汤普森 著 刘洋 译

北方文艺出版社

黑版贸登字 08-2023-058号

原书名：THE CURIOUS ECONOMICS OF LUXURY FASHION
Copyright © Don Thompson, 2021
This edition arranged with Westwood Creative Artists Ltd.
through Andrew Nurnberg Associates International Limited

版权所有 不得翻印

图书在版编目（CIP）数据

奢侈品经济学 / (加) 唐·汤普森著；刘洋译. ──
哈尔滨：北方文艺出版社, 2023.11
书名原文: THE CURIOUS ECONOMICS OF LUXURY
FASHION
ISBN 978-7-5317-6071-9

Ⅰ.①奢… Ⅱ.①唐… ②刘… Ⅲ.①消费品市场 –
市场经济学 – 研究 Ⅳ.①F713.58

中国国家版本馆CIP数据核字（2023）第196812号

奢侈品经济学
SHECHIPIN JINGJI XUE

作　　者 / [加]唐·汤普森　　　　翻　　译 / 刘　洋
责任编辑 / 滕　蕾　　　　　　　装帧设计 / 主语设计

出版发行 / 北方文艺出版社　　　邮　　编 / 150008
发行电话 / (0451) 86825533　经　　销 / 新华书店
地　　址 / 哈尔滨市南岗区宣庆小区 1 号楼　网　　址 / www.bfwy.com

印　　刷 / 天津旭丰源印刷有限公司　开　　本 / 880×1230　1/32
字　　数 / 175千　　　　　　　　印　　张 / 8.375
版　　次 / 2023年11月第1版　　　印　　次 / 2025年 6 月第3次印刷

书　　号 / ISBN 978-7-5317-6071-9　定　　价 / 49.80元

目录

01

奢侈品时尚

奢侈品时尚的惊奇世界

一个人的着装，正是向世界呈现自己的方式，在人类的沟通如此迅捷的当下尤其如此。

——时尚设计师 缪西娅·普拉达（Miuccia Prada）

千禧一代[1]喜欢有故事的品牌，这样的品牌能和自身联系在一起。他们喜欢独立品牌，透过这些品牌就能看到背后的设计师。

——美国演员 鲍比·伯克（Bobby Berk）

长期以来，我一直对奢侈品时尚市场营销充满兴趣。我是一个经济学家，教工商管理硕士（MBA）市场营销和战略研究课程。我也给奢侈品行业做过咨询。但是，此前我能看到的奢侈品

1　出生于20世纪，但在2000年以后成年的一代人。——译者注（如无特殊说明，脚注均为译者注。）

时尚界仍是模糊一片。困扰我的问题显而易见：为什么一款包的售价可以比另一款看上去、摸起来都差不多的包高出 5 倍？奢侈品牌动辄花费数百万美金举办时装秀，但大多数秀上展示的服装从未用来销售，这应该如何解释？为什么秋冬时装秀会在三月举办，而春夏时装秀则安排在十月？

随着脸谱网（Facebook）红人的影响力逐渐超越 *VOGUE*（《时尚》）杂志广告，加上 2020 年经济低迷导致闭店等行业变动，奢侈品时尚的传统性正受到大行其道的千禧一代和 Z 世代[1]文化的裹挟，奢侈品时尚界正在经历痛苦的变化。事实上，这一缓慢而痛苦的改变过程在 2020 年前就已经开始了，时尚界当时已开始从设计师主导向消费者主导转变。"酷"的理念越发凸显，正式场合中也出现了街头服饰。时髦精英女性的穿着中，既有香奈儿（Chanel），又有 H&M（Hennes&Mauritz AB），运动装也开始用来搭配 LV（Louis Vuitton）外套。素来单凭奢侈品门店和时装百货商场便可安身立命的品牌，如今也开始线上销售，官方网站与第三方平台齐上阵。奢侈品时尚公司绝不降价的销售传统，现在偶尔也会松动，开始打折销售。

2017 年夏，当我走在多伦多有着"貂皮街"之称的布鲁尔街（Bloor Street）上，经过一家 LV 店的橱窗时，我的好奇心达到了顶峰。这家店共有三个橱窗，每个橱窗里都分别展示着一只包，

---

1 通常指1995—2009年间出生的一代人。

上面饰有艺术家达·芬奇、鲁本斯和凡·高的画作。每只包上都用大字号、加粗的反光字母印着艺术家的名字。这些包上还印着当代艺术家杰夫·昆斯（Jeff Koons）的姓名首字母标记，装饰着他创作的气球狗挂件。

在某种程度上，时尚艺术化并不是什么新鲜事。时尚与艺术的结合源远流长。服装设计师伊尔莎·斯奇培尔莉（Elsa Schiaparelli）曾与画家萨尔瓦多·达利（Salvador Dali）联手创作一件印有龙虾图案的真丝欧根纱长裙；伊夫·圣·罗兰（Yves Saint Laurent）曾结合彼埃·蒙德里安（Piet Mondrian）的油画设计出一款直筒裙。时尚界的艺术化表现形式多样，但万变不离其宗，其目的是把购买昂贵时装的举动变得如同收藏一件艺术品一般，这样便和炫耀性消费进一步划清了界限。达·芬奇包使一位古代大师、一个当代艺术家和一家奢侈品品牌实现了奇异的结合。这可不是只求吸睛的二流品牌，这是路易·威登（Louis Vuitton），世界最大、最有价值的奢侈品品牌，其母公司是欧盟市值排名第二的大企业。奢侈品品牌是为了吸引顾客而用上这招的吗？对于普通时尚品牌行不通的创意，为何放到奢侈品的顶端，竟无端奏效了？选择背着达·芬奇包上街或出席某个场合的女性，会觉得自己在表达什么呢？

奢侈品时尚市场营销新旧方式之间存在的冲突，有些已表现得非常明显。高端时尚品牌的推广预算中，用于在杂志刊登抽象硬照的比例越来越低。这些广告仍故意发布着令人迷惑不解的讯息，读者甚至不屑于去琢磨其语焉不详。大多数千禧一代根本不看时尚杂志——他们更关注网络红人。

　　LV 门店的那三面橱窗促使我开启对奢侈品时尚世界的探索。我所发现的正在被迫改变的行业传统行为，几年前可能会被人们看作时尚恐慌。

　　千禧一代和 Z 世代——生于 20 世纪 80 年代至 21 世纪初的这群人——已成为时尚界最重要的客户群体，而在中国，他们是数量最多，也是当下最重要的目标群体。古驰（Gucci）的销售额中，千禧一代占比为 60%，其他奢侈品品牌同样接近这个水平。

　　一代又一代的实践证明，在时尚品牌中，若能称之为奢侈品，需具备两点：工艺和独特性。千禧一代对这两者兴味索然。他们对凸显品牌标记的传统方式也不感兴趣。他们追求的时尚，要展现出其身份认同，能够成为自己和自身价值观的延伸。激发他们对时尚进行消费的动力是表达欲，为的是寻求与生活方式相匹配的新鲜体验。他们与其父母一辈还有一个不同点：对他们来说，身份并非博弈的游戏，自己多一点，别人未必要少一点。

　　随着我继续深入探索奢侈品时尚的世界并剖析消费者动机，一个又一个现象逐渐浮现：千禧一代与"酷"、时尚的临界点、街头服饰革命、时尚达人、照片墙（Instagram）和艺术化，以及压力之下一个巨大行业表现出的惊人的脆弱性。上述现象在本书后续章节中都得到了剖析。这次探索之旅始于 2017 年 4 月的巴黎，时值蒙娜丽莎包刚刚发布，让我们一探 2020 年之前盛极一时的奢侈品时尚界。

昆斯——达·芬奇包

......背一款"大师系列"的包包，在好友和媒体之间产
生的反响比大多数包袋都大......我不禁笑出声......我觉得不
可能......这包花里胡哨的......然后我意识到，其实我并不确
定自己究竟是如何看待这种包的。

　　　　　　　——瓦妮莎·弗里德曼（Vanessa Friedman）时尚作家

2017 年 4 月 11 日晚，巴黎卢浮宫。这里将发布路易·威登品
牌与艺术家杰夫·昆斯联名设计的"时尚＋艺术"系列包袋。这
个名为"大师"的系列有 51 款产品，包括围巾、钥匙链、钱包、
手机壳等，都印有古代艺术大师的画作，而主打单品是展出的一
款手袋。这场发布会完美诠释了 2020 年前"忽略千禧一代"式的
奢侈品时尚推广方式。

接待会和私人晚宴在卢浮宫的《蒙娜丽莎》展室举办，这里
堪称巴黎最为昂贵的夜场租赁场地。嘉宾会在真正的《蒙娜丽莎》
画像前站定，摆姿势。路易·威登集团董事长兼首席执行官贝尔
纳·阿尔诺（Bernard Arnault）、杰夫·昆斯和画廊主拉里·高古

轩（Larry Gagosian）都在现场，出席活动的还有凯特·布兰切特（Cate Blanchett）、詹妮弗·安妮斯顿（Jennifer Aniston）、詹妮弗·康纳利（Jennifer Connelly）、米歇尔·威廉姆斯（Michelle Williams）、凯瑟琳·德纳芙（Catherine Deneuve）、蕾雅·赛杜（Léa Seydoux）、米兰达·可儿（Miranda Kerr）、阿黛尔·艾克萨勒霍布洛斯（Adèle Exarchopoulos）和贾斯汀·塞洛克斯（Justin Theroux）等一众名流。LV 为嘉宾提供车旅费、服装费和伴手礼。据传，有些嘉宾的出场费高达六位数（美元）。作为路易·威登的一大时尚广告商，《名利场》（Vanity Fair）杂志更是刊登了整页的活动现场图片。

路易·威登"大师"系列主打的正是手袋，每款手袋都将艺术家名字的大写字母用金色或银色反光金属材质呈现出来：鲁本斯（RUBENS）、提香（TITIAN）、达·芬奇（DA VINCI）、弗拉戈纳尔（FRAGONARD）、克里姆特（KLIMT）、凡·高（VAN GOGH）。每款包袋分别再现了上述画家的著名画作，昆斯姓名的花体首字母与路易·威登的标志分别置于包身的左右两角。包袋提手上的皮圈绑着一只昆斯设计的气球狗挂件。包袋呈现的画作包括《蒙娜丽莎》和克里姆特的《吻》，其中最为色情的一幅画知名度也最低：让·奥诺雷·弗拉戈纳尔的《少女与狗》，画的是一位赤身裸体的少女在床上逗引小狗的场景。这些手袋和其他"大师"系列的单品仅在少数路易·威登门店和纽约的一家快闪店展示，在 LV 官网上是买不到的。

这些画作的版权到期已久，昆斯和路易·威登不需要获取许可便能将各自的标志印在画上；他们需要的是利用高分辨率照片再现这些画。照片由博物馆馆员提供，其中就包括卢浮宫的前馆长让 - 吕克·马蒂内兹（Jean-Luc Martinez）。马蒂内兹说："想让古典艺术与当代艺术同台竞技，就要让古典艺术走上街头……我们也想让更多人了解古典艺术家。"

或许不是所有的 LV 老主顾都熟知杰夫·昆斯，但他确实是仍在世的美国商业上最成功的当代艺术家，他凭借炫目多彩的玩具和动物主题的雕像而知名。这些雕像由昆斯设计，通过其助手和制作商制作出来。他设计了一座名为《兔子》（Rabbit）的雕像作品，高 90 余厘米，不锈钢材质，通体镀铬，一版四款（同时设计的还有在"大师"系列包袋提手上的挂件）。2019 年，《兔子》在纽约佳士得拍出了 9110 万美元的价格，创下当时在世艺术家最高价格的拍卖纪录。

昆斯对"大师"系列自有其有趣的见解。他说，这个系列的灵感来源于他 2015 年创作的《凝视球》（Gazing Ball），这个作品对马奈的《草地上的午餐》、莫奈的《睡莲》和克里姆特的《吻》等大师画作进行了复刻。其中，每个作品内都有一个蓝色反光球（即"凝视球"），能够折射观者的镜像。昆斯说，"大师"系列包袋和他的艺术别无二致；艺术"用深刻的方式，把世界连接在一起"。

《纽约时报》（New York Times）时尚编辑瓦妮莎·弗里德曼对这个包袋系列有不同的论调："一方面，路易·威登出于品牌利好将艺术为己所用；另一方面，一个艺术家出卖了自己的艺术。

对于夹在中间的消费者，通过这种方式了解到的伟大艺术则成了一次性的消耗品。"依我看来，"大师"系列是 LV 公关营销的一个典型案例，但却很"坎普"（camp）——应了作家苏珊·桑塔格（Susan Sontag）对这个词的定义"不严肃"。

LV 在这个系列的推广上是下了大手笔的。《名利场》有一期的全彩封底页就刊登了蒙娜丽莎包的广告，模特艾丽西亚·维坎德（Alicia Vikander）身着一件 LV 小黑裙，拎着这款包。随后，该杂志的另一版采用封面加折页、扉页三页版面，展示昆斯立于沙漠之中，身穿深色 LV 套装，背着一只印有达·芬奇名字的包的形象。"大师"系列的其他广告见于《时尚芭莎》（Harper's BAZAAR）和《尚流》（TATTLER）杂志的 2017 年 6 月、7 月刊，后者刊登的是印有弗拉戈纳尔画作的包。所有相关广告费共计超过 700 万美元，这还是在 LV 提供大量销售折扣的前提下。"大师"系列包标价 4000 美元，每销售一只包，昆斯可获得 350 美元的版税——约等于每只包的制作费。

扣除制作、推广和版税费用，LV 是否能通过"大师"系列包袋盈利是值得怀疑的——甚至连卢浮宫的发布会及私人晚宴的场地费都未必能冲抵。一场时装秀动辄花费几百万美元，评级这笔费用花得值，不在于后续的服装销售额，而在于品牌的巨大曝光度。大多数业内观察者一致认为，"大师"系列手袋的目标从一开始就不是销售量和利润。其初衷是建立与艺术的连接，以及由此带来的知名度和消费者对 LV 品牌的口碑推广。我用本书一整节的篇幅专门讲它，也可见得这一招的成功。

"大师"系列手袋的广告持续到 2017 年 7 月，然后，这一系列从路易·威登的门店消失了。三个月后，该系列和相关广告再次浮现，并以之前 2 倍的版面冲上《纽约时报国际生活》（*The New York Times Style Magazine*）杂志。广告刊登的其中一款是莫奈的《睡莲》，另一款是特纳的《古罗马》。法国演员蕾雅·赛杜为两幅广告大片出镜。路易·威登宣布，此次回归是"与杰夫·昆斯合作的第二个系列"，称该系列还将呈现弗朗索瓦·布歇的《躺着的少女》、保罗·高更的《令人愉快的土地》、爱德华·马奈的《草地上的午餐》和尼古拉斯·普桑的《牧神潘的胜利》等作品。

我和几位同事做了一个小实验，我们对来自 3 个国家的 40 位女性进行问卷调查，她们或知道，或通过我们提供的图片了解到这个系列的包。无一例外，这些受试者或者一笑而过，或者表示"我绝不会背这个包上街"。其中只有两位女性曾见过有人背着"大师"系列的包袋———一是在休斯敦，一是在纽约的艺术展。

这种反应不是针对"油画包袋"，而是针对这一类设计。当受试者看到同样是路易·威登出品、呈现村上隆 2011 年作品 *Hello Kitty* 的手袋图片时，她们表示："当然，在合适的场合我会背这款包的———也许是夏天参加花园聚会时，到时候背上这款包会很有意思，能显示出我在不同场合有很多款不同的时装包。"Hello Kitty 包也是限量版，零售价在 5000 美元以上。

LV 的首席设计师马克·雅可布（Marc Jacobs）在介绍 Hello Kitty 包时，从一个侧面解释了其中的原因。他说，这是一款概念包，通过这款包，LV 提供的是"手工底蕴"，而村上隆提供的则是吸睛的形象。雅可布还与其他艺术家进行过跨界合作，比如理查德·普林斯（Richard Prince）、草间弥生和查普曼兄弟（Jake and Dinos Chapman）。他说，每次合作都为 LV 增添了文化符号和意义。

LV 与昆斯合作的"大师"系列发布会只会发生在时尚行业的奢侈品部门。2020 年以后，在奢侈品时尚界挣扎经营的时期里，这种规模的活动可能后无来者了。

那么，什么将定义转型中的奢侈品时尚业呢？这正是下一节要探讨的问题。

什么是"奢侈品时尚"？

奢侈品是非凡之人的日常，是平凡之人的非凡。

——贝尔纳·阿尔诺 路威酩轩集团首席执行官

时尚无处不在。你选择穿什么、不穿什么已然成为一种政治宣言。你买的不是衣服——而是身份。

——马克·敦格（Mark Tungate）时尚作家

研究这本书，首先要掌握时尚的不同层次——以及哪些品牌分别属于哪个层次。每个档次各自代表着不同的文化内涵和经济实力。想象一下，当置身于纽约的麦迪逊大道、伦敦的牛津街，或米兰的威尼斯街，逛街的你或许会纳闷，为什么一些商店里的服饰，价格是隔壁精品店里相似的女装或女包价格的三倍甚至十倍？有些店从来不降价，有些店偶尔搞促销，还有些店却常年挂着"大减价"的牌子。时装精品店装潢风格各有千秋，有的采用色泽光亮的铬合金，窗明几净；有的为墙壁装上橡木嵌板，铺上厚地毯；还有的则透露出极简主义格调。本节将解答上述一部分问题，为本书铺垫背景信息，读者可以在后续章节寻找其他问题的答案。其实，这些答案中一个显而易见的基本知识点是，奢侈品和奢侈体验是情绪化的，受渴望驱使，而非以需求为转移。

过去 20 年间，高街时尚已经从一个夫妻店行业，发展为路威酩轩（LVMH）、开云（Kering）、历峰（Richemont）这些时尚集团，以及爱马仕（Hermès）、香奈儿两家独立品牌雄踞私人奢侈品市场的格局——在 3 亿美元的奢侈品行业规模中，这些企业占比为 40%。2020 年之后，这五家时尚企业风头更劲，而独立奢侈品及高档品牌则黯然出局。

时尚产业在很大程度上是碎片化的。产品类别繁多，消费群体多样，在三大集团以外，成千上万的小时尚品牌比比皆是。高端时尚品牌通常包括两种不同档次：奢侈品品牌及高档品牌。更低一级的是平价的快消时尚品牌。大多数消费者购买服饰不局限于某一个档次，他们仅凭精品店的装修和格调，以及价签上的价格位数——最高档的时装除外，因为它们没有价签——由此，消费者可能会对品牌的档次了如指掌（而对于自己喜欢的品牌，消费者是不在意档次的）。

时尚记者有时候会用到这样几个专有名词："平民时尚"（mass fashion）一般指"平价"及其以下的时尚品牌；"平奢"（masstige goods）是平民（mass）奢华（prestige）的简称，在定价方面，这类商品能够在具有可比性的平价替代品基础上实现奢侈品品牌溢价，比如几家奢侈品品牌——最好的例子就是香奈儿。奢侈品时尚界鄙视平奢理念。品牌要么主打奢华定位，成为身份地位和个性的象征，要么主打大众市场，几乎没有中间地带的存在。

本书重点关注奢侈和高端档次的时尚行业的现状与趋势。奢侈不等于"昂贵"。奢侈当然意味着昂贵，但不止于此。本书也讨论了平价时尚和快消时尚，这些档次制衡着——有时甚至可以替代——奢侈和高端品牌。

几十年间，路易·威登、爱马仕、古驰和香奈儿打造了如今的奢侈品时尚营销模式，旨在将其定位成吸引人的、奢华的、大多数人无法企及的品牌，使其成为匠心和正品的同义词。奢侈品高昂的价格是有道理的，因为技艺精湛的工匠在一个爱马仕包或一双古驰鞋履上倾注了许多个小时的精力，而"普通人"只好用平民时尚将就。是的，贝尔纳·阿尔诺开场引言中的"平凡之人"这个词，的确也是奢侈品时尚界的一个术语。

奢侈品服饰可以是高定（haute couture）——私人剪裁的走秀款，也可以是成衣（ready-to-wear），法语中称之为"prêt-à-porter"。时尚品牌的产品线从服装、配饰、皮具、香水、珠宝拓展到了化妆品、红酒、烈酒和家具装饰。有的奢侈品品牌还包括酒店或游艇业务。无论哪种业务，都自带该品牌的光环和知名度。

服装是奢侈品企业的"品牌核心业务"，但是服装利润极低，广告和时装秀成本高昂，季末积压的库存也大。金融分析师认为，奢侈品品牌过度依赖服装销售额会有损利润率和股价。对于路威酩轩、开云这些时尚集团而言，服装销售额仅占比约10%，赚钱的板块是手袋、鞋履、配饰和香水。

和服装相比，配饰在顾客方面的口碑，以及为时尚集团带来的认可度都更高——只需比一比一条裙子和一个印着品牌标志的包便可知道。如果顾客想通过显眼的标志彰显自己的地位，那么衣服就不太管用了，因为即使价格再高也难以辨认它的品牌。

哪些时尚公司的产品能称得上"奢侈品"呢？大多数时尚编辑都能对几家大品牌如数家珍，但从未能列出一个具体名单。因为如果列出单子却不小心漏掉某个品牌，那么将得罪部分读者，招致该品牌的反感，还有可能遭其报复，不能再受邀参加该品牌的时装秀或私人活动。

即便列出名单，每个人的名单又都不同，对靠前的几家品牌排列顺序也未必一样。有些名单会有 10 家品牌，有些可能有 20 家。同一个品牌，有人会归为奢侈品行列，有人会当成高端品牌。从本书的目的出发，也为了本书中提到该名词时方便读者理解，我列出了 10 个共识度最高的奢侈品品牌。对于亚洲市场的受众而言，名单可能会有变动。

爱马仕	乔治·阿玛尼（Giorgio Armani）
古驰	香奈儿
路易·威登	菲拉格慕（Salvatore Ferragamo）
迪奥（Dior）	葆蝶家（Bottega Veneta）
普拉达（Prada）	巴黎世家（Balenciaga）

米兰时尚资讯公司安永（EY）的合伙人弗雷德里科·博内利（Frederico Bonelli）提出过一个更简单的定义：奢侈品品牌可通过成本价与销售价之间的利润值进行区分。某品牌是否标出明显更高的价格——比如相对高端品牌 2 倍的价格？该品牌的所有或大

部分产品是否在独家门店（通常为集团所有）或高端时装百货公司售卖？其营销推广是否与品牌形象一脉相承？

多伦多时尚观察家米丽亚姆·瓦拉迪（Miriam Varadi）提出了奢侈品的文化维度，认为奢侈品具有从美学和深思中制造快乐的能力，这种快乐是任何具有实际用途的物品所不能比拟的。她指出奢侈品时尚、艺术和宗教之间的相似性：它们都与永恒性相关，都强调造物者、初创神话和传奇，都通过讲故事的方式保持神秘性，都具有可供追随者识别的标志和符号，都在城市地区设有教堂、博物馆、精美的旗舰店或画廊。

拿汽车行业类比。德国奔驰 E 级车被奉为奢侈品汽车，在于其神秘性、法国勒芒的赛车史及与生俱来的汽车制造史。日本雷克萨斯性能相当的车型具有和奔驰差不多的可靠性、制造品质、设计和抛光，但是雷克萨斯没有功能性以外的品牌故事和无形利好，所以雷克萨斯属于高端车，通常不算作奢侈品车。

"造物者"特点不仅限于奢侈品时尚集团本身，对造物者自己而言亦如是。显而易见的例子就是明星设计师，他们往往拿着堪比欧洲足球明星的薪酬。设计师声名鹊起，成为面对媒体和部分时尚消费者的门面担当。"老佛爷"卡尔·拉格斐（Karl Lagerfeld）就是一个典型例子。作为高定时装行业的名人和香奈儿的艺术总监，直到 2019 年，他于 85 岁高龄驾鹤西去时，依然与香奈儿有着千丝万缕的联系。还有一个名流设计师：汤姆·福特（Tom Ford）。他曾担任古驰和圣罗兰的创意总监。2006 年前后，他创立了自己的奢侈品时尚品牌，其追随者应声而动，争相为他的公司投资。不需要绘制详尽的商业蓝图，有福特的名字和品牌标志便足够了。

20 世纪 80 年代前，老时尚品牌的设计师扮演着承续品牌创立者衣钵和风格的角色，要做的是创造新的迭代款式，而不是简单复制已有的款式。老佛爷和后来的约翰·加利亚诺（John Galliano）、亚历山大·麦昆（Alexander McQueen）都曾在纪梵希（Givenchy）担纲设计师，他们在前人的基础上做设计，但认为自己的角色不过是将个人的时尚偏好强加于顾客。汤姆·福特供职于古驰时也强调过这一点，称他的使命就是创作出消费者一年后才会趋之若鹜的设计。而这种角色随着千禧一代重要性的凸显而发生转变。到 2010 年前后，设计师们更倾向于追随街头服装的潮流，或倾心于粉丝众多的网红独立设计师的设计。平民时尚品牌再次洗牌，蔻驰（Coach）每年花几百万美元调查消费者对奢侈品公司有哪些期待。

时尚集团在哪里打广告、怎么打广告，标价多少，如何推销，这些问题和达·芬奇包一样不具有直观意义。既然时尚杂志的读者很少会购买这些产品，那么在这些普遍发行的杂志上登广告是否是一种浪费？一位时尚公司负责人解释道，许多"普通人"必须认可奢侈品品牌的地位，那么，能够买得起奢侈品的少数人在为价格溢价买单时，才能认识到手中的产品价值几何。

奢侈品的价格必须足够高，这样才能切断成本和功能之间的直接关系。一只爱马仕包，一个杰夫·昆斯雕塑或一辆宾利车的价格，远超出其产品本身的内在价值。之所以要拥有它们，乐趣之一就在于支付的价格远高于产品的功能价值或美学价值。

奢侈品品牌会逐渐提高时装和配饰的价格——至少会随着通货膨胀而涨价。奢侈品的一条铁律就是不降价，相对价格也不能降。奢侈品绝不能进行季末甩卖。这条禁令造成季节性积压库存的处理问题。即便个别情况下降价了，也必须用小字解释——通常会标明"停产系列"。奢侈品门店的橱窗里永远不会摆出"减价促销"的指示牌。如果某品牌的时尚配饰或化妆品降价了，那么只有产品线中的高端产品能刊登在广告上。

奢侈品打广告从来不是为了立刻产生销售量，正如时装秀的目的是打造品牌光环一样。奢侈品时尚广告压根不打算让大众看懂；大多数观众觉得广告大片中流露出微妙的讯息，反正他们也不想琢磨那些讯息具体是什么。广告中展示的时尚单品往往来自高定秀场，不是供成衣销售的款式。这些都无关紧要。

奢侈品广告从不提价格或产品属性，从不自卖自夸或进行同款比对。迪奥如果提到另一家奢侈品品牌，那就等于在暗示有哪家品牌能与其媲美。奢侈品品牌强调的是自己的历史、独特性以及自家品牌与艺术、慈善事业的联系，或蹭一蹭某"最佳女演员"穿自家高定时装走奥斯卡红毯的热度。

奢侈品行业的一个传统观念，是让人们意识到奢侈品的稀有性才能让产品保持奢侈品的身价。这产生了一个困境。爱马仕今年生产的凯莉（Kelly）包要多么"少"才好？如果一款香奈儿围巾的销售速度之快超出预期，是否应该停产？（香奈儿的回答是"是的"。）其实奢侈品品牌内部讨论的是"我们要生产得多么少"，

而不是"多么多"。路易·威登在东京应该开多少家门店呢？应不
应该把店开到中国的二线城市去，还是仅在一线城市？三线城市
还要考虑吗？（路易·威登做到了，还很成功——至少短期来看
奏效了。）

路易·威登相对于其他奢侈品集团在传统规则方面逾矩更多。
LV 并不要求在世界各地保持独特性。在日本，据说 60% 的女店
员都背 LV 包。日本缺乏这种独特性的要求，可从孔子思想中的
"和而不同"来理解。店员和店主背同一牌子的包（虽然价位不
同）是可以接受的，这正反映出一种和谐感和归属感。

LV 有些时尚单品也进行线上售卖，官网、路威酩轩旗下的电
商平台"24 Sèvres"（以其法国百货公司乐蓬马歇的地址命名——
该网络地址后简化为"24S"）以及第三方平台皆可。一些未售出
的产品会在季末通过线上方式折价销售。尽管如此，LV 仍被各国
消费者视为奢侈品品牌，对于那些极为关注包袋上的 LV 标志的
人而言尤其如此。

奢侈品时尚品牌面临的困境是如何在成熟市场实现销售增长
的同时不损害其稀有性与认可度。让我们看一看汽车品牌的产量
增长问题。劳斯莱斯（Rolls Royce）和宾利（Bentley）都承认，
扩大生产规模会造成形象问题。劳斯莱斯曾发布新闻声明：劳斯
莱斯的产量只会逐年增加一辆。不论该声明真实与否，其目的正
是强调品牌的"稀有性"和"不易获得性"。没有哪个劳斯莱斯车
主希望看到一辆一模一样的劳斯莱斯出现在自己的汽车俱乐部停
车场上。奢侈品企业深知，消费者一旦发现该品牌的独特性削弱，

就会给出消极反馈。由于在大众市场上发布配饰系列或 A 货横行的情况出现，太多人开始背着该品牌标志出街，那么有些顾客甚至会弃用此品牌。随着售卖该品牌产品的零售商数量增加，或者这些产品降价销售，更多的老顾客会脱粉弃用。销售增长难题的一个解决方式是开拓海外市场，但这一招进展缓慢、成本高昂。

高端品牌就没有增长困扰。同样以汽车行业为例。雷克萨斯和别克（Buick）在各国市场都具有一定份额，哪个市场销售额涨上去了，它们就将这条消息广而告之。

奢侈品品牌销售增长问题的一个解决方案是在品牌之下发展副线品牌。阿玛尼的高端主线系列是乔治·阿玛尼。乔治·阿玛尼的副线品牌还有 Armani Privé、Armani Collezioni、Armani Collezioni Active（Armani Collezioni 的运动版）、Emporio Armani、EA7（与锐步合作创立的品牌线）、Armani Jeans、Armani Exchange（A/X）、Armani Junior。要记住这些副线品牌的名字或每个名字代表什么，对于最资深的时尚达人来说也必定是个挑战。

路易·威登集团和开云集团在不提及母公司的情况下，通过不同副线品牌影响着时尚领域的多个层面。有多少消费者能把路易·威登和伯尔鲁帝（Berluti）或芬迪（Fendi）联系起来呢？又有谁能看出开云集团的巴黎世家和 Dodo Bar Or 同属一家呢？

对低档次时尚产品也使用同样的品牌名字，香奈儿是最好的例子。过去几十年里，创意总监卡尔·拉格斐打造了一个品牌产品的金字塔。金字塔顶端是定价高达 10 万美元的高定时装，下面是成衣和配饰，继续往下是香水和美妆产品。金字塔底端是售价为 38 美元的唇膏和指甲油，大多由承包商莹特丽（Intercos）集团生产。

金字塔顶端的产品超出大多数人的负担能力，但围绕着香奈儿的生活方式和品牌形象的奢侈品品牌光环，让香水和美妆产品获得了高额利润。香奈儿的所有推广都用于奢侈品层面，对售价最高的时装和香水做广告。对于价格低一些的香水和化妆品，则通过网红进行推广，时装不采用这种方式。而金字塔的下层对香奈儿的高定和成衣时尚影响甚微。

奢侈品品牌通过串联品牌创始者或品牌本身的历史故事，来凸显品牌资历。这些故事具有一定神话性，大多数香奈儿管理层人员很有可能找不出可可·香奈儿（Coco Chanel）的人生故事中，哪部分会让他们或消费者感到备受鼓舞。甚至连资历都具有误导性。葆蝶家创立于 1966 年，2001 年，汤马斯·麦耶（Tomas Maier）再造了葆蝶家。该品牌 2019 年发布的时尚系列产品和其中蕴含的时尚基因，与 20 世纪 60 年代以艾娃·嘉娜（Ava Gardner）和格洛丽亚·吉尼斯（Gloria Guinness）为模特的产品毫无关系。

巴黎世家创立于 1917 年。克里斯托巴尔·巴伦夏加（Cristóbal Balenciaga）于 1969 年退休后，这个品牌就销声匿迹了，只保留香水板块的品牌执照。开云时尚集团于 2001 年收购了巴黎世家。之后尼古拉·盖斯奇埃尔（Nicolas Ghesquière）设计出了琼·克劳馥（Joan Crawford）式的垫肩迷你连衣裙。盖斯奇埃尔离开巴黎世家后，该品牌的 21 世纪设计则围绕千禧一代展开——

包括卫衣、大面积的品牌标志图案和老爹鞋。而这些设计都与昔日让巴黎世家成为传奇的原创设计大相径庭。当丹母那·瓦萨利亚（Demna Gvasalia）接手巴黎世家总监一职后，这种趋势终于得以扭转，2021 年 7 月，登上巴黎高定时装周的巴黎世家系列大受欢迎，"优雅""有腔调"等评论不绝于耳——这是相对卫衣潮流的一个巨大转变。

让我们再来看看劳力士（Rolex）手表。劳力士集团是私有企业，不对外发布销售额和利润数据。劳力士品牌是质量和独特性的代名词。该品牌赞助温布尔登网球锦标赛和美洲杯帆船赛。如果有人知道劳力士每年卖出上百万块手表，他还会把这一品牌和独特性、稀有性联系起来吗？劳力士之所以成为奢侈品的代表之一，是因为该品牌能够维持自身的品质、独特性和品牌形象——由此保证了其在稀有性方面的认可度。

奢侈品品牌的神秘性很大程度在于顾客的购物体验。奢侈品要求为顾客提供一对一服务。设立品牌的专有门店可以轻而易举地实现这一点——想一想爱马仕、香奈儿或路易·威登。这些门店的老主顾会享受到至尊服务——店员能将他们的名字牢记于心。门店店员们不涉及抽取佣金。他们从不"主动迎合以求销售"。他们的使命是传递讯息，必要时向顾客介绍为何奢侈品售价如此之高，并对消费者进行品牌故事教育。

与高端画廊一样，奢侈品门店的环境和室内装饰传递着品牌代表的风格。门店展示的产品数量有限，如果顾客有购买兴趣才会从柜台内取出其他颜色和尺码的产品。香奈儿的门店装饰风格是博物馆式的，如同在展示艺术品。顾客置身其中，可以了解香奈儿的产品故事和品牌背景。展示出来的单品在价格上也小心示人——顾客如果被店员看到翻看价签，会感到很尴尬。

香奈儿欧洲公司前总裁弗朗索瓦兹·蒙特内（Francoise Monteney）提到零售体验时说，产品和客户服务"必须无可挑剔，尽心周到、独一无二。这涉及与顾客对话的方式、介绍产品的方式和对待顾客的方式"。服务质量出现任何瑕疵，都将让顾客对香奈儿的奢侈品品牌地位产生怀疑。零售体验的重要性，正是奢侈品品牌不愿线上售卖产品的主要原因。

奢侈品品牌投资重金维持对供应链的控制，从鳄鱼养殖到门店装潢。产品配件的生产有时外包给成本更低的国家完成，但是整个产品不会完全交给一个产地制作。完成产品的最终组装或奢侈品制作的产地国家会注明在产品标签上——其中法国和意大利，或"Made in Paris（巴黎制造）"彰显着传承和传统，是奢侈品最好的注脚。

"产于法国或意大利"的规则对路易·威登而言是个例外。路易·威登在加利福尼亚州运营几家"工坊（workshop）"已有多年，虽然他们从未向公众发布这条消息。2019 年 10 月，路易·威登在得克萨斯州阿尔瓦拉多市新开了一家皮具工坊，自称雇用了 1000 名员工。路易·威登还邀请时任总统唐纳德·特朗普出席成立仪式（他确实来了）。时尚业将此举解读为"象征为美国提供就业机会、减轻对欧洲时尚产品的关税威胁"——这两个方面彰显了路易·威登在美市场的影响力。截至本书写作时，尚无其他奢侈品集团采用类似策略。

如何构建品牌形象？书面广告是否应和线上广告一样？对此，奢侈品企业们一直争论不休。VOGUE 杂志的读者对圣罗兰广告的期待是，模特有着"零号"[1]身材、中性特质，年纪尚轻，靠自己还买不起身上的产品。同样的形象也应搬到线上吗？线上广告的女模特是否要搭配一个男模？比她大几岁合适？是否应体现种族多样性？应该设置什么样的时尚场景？

同一个广告是否要体现不同文化？不同国家和文化对某个产品和其使用场景的关注点不同。仅用一个广告或单一语言的广告是难以满足不同需求的。也正因此，纯图像广告比较普遍。线上时尚网站是直接标价，还是需要点击才能查看价格呢？如果网站旨在促进销售，而非推广品牌形象，那么价格是必须标出的。

多年以来，奢侈品的品牌标志都很小、很不起眼，许多人都注意不到。爱马仕及其他品牌将标志缩小化或隐藏起来，在某些极端情况下，甚至将标志标在包袋内衬而非表面。这是因为业内有一条通则：越贵的包，标志就应越不明显。其他奢侈品品类同样适用于这条规则。比如奔驰 A 级车的车标直径是 16 厘米，C 级车为 12 厘米，而 S 级跑车的车标只有 6 厘米。

2017 年，大标志重返时装、包袋和鞋履潮流，迪奥、杜嘉班纳、香奈儿等品牌都是如此。巴黎世家的一些裙子和包袋上出

---

1   美国的衣服尺寸标注形式，零号是最小号（腰围25英寸，即63.5厘米）。

现了倾斜 45 度角的大号品牌标志，路易·威登的大写字母标志则赫然印在该品牌的 T 恤上。这种凸显标志的方式为何会突然回归？似乎无人了解其中缘由，只是观察到大标志在部分消费者中间备受青睐，而且欧美国家消费者比亚洲消费者更喜欢大标志。到 2019 年，大部分大标志终于淡出奢侈品品牌产品线。当整个行业以为甩到脸上的大标志热已经过气时，维吉尔·阿布洛（Virgil Abloh）设计出一款男包，采用七色光纤点亮 LV 标志，使其能在黑暗中发光。

当许多国家伴随经济增长而富有起来时，一条财富鸿沟也在少数新贵和大多数人之间出现了。前者需要找到显示自身地位的方式：一开始是大房子、昂贵的汽车和私人学校；很快，奢侈品配饰和时装也可以用来界定身份了。许多顾客都经历过买奢侈品表、奢侈品珠宝、奢侈品包的过度消费阶段。后续，他们会转向需要更高品位的产品：高定时装或艺术品。如果新贵阶层穿着某个奢侈品品牌的东西招摇过市，"旧富"阶层就会去消费其他品牌的产品。

接下来的章节将围绕两家最著名的奢侈品时尚集团，探讨其历史和品牌理念。两大集团分别是：酩悦·轩尼诗—路易·威登集团（Louis Vuitton Moët Hennessy，英文简称为 LVMH，中文简称为"路威酩轩"）和巴黎爱马仕集团。两家集团都功成名就，但其在奢侈品时尚界的商业哲学以及求变之道却大不相同。

路威酩轩：贝尔纳·阿尔诺与创新

> 像路易·威登这样的品牌为什么……如此成功呢？靠两点，这两点还看似互相矛盾：这些品牌是永恒的，同时又处在时髦的最前沿……就像水和火的关系。
>
> ——贝尔纳·阿尔诺 路威酩轩集团首席执行官

酩悦·轩尼诗-路易·威登集团是总部位于巴黎的法国集团。作为世界上最大的奢侈品时尚集团。其 2019 年的销售额高达近 600 亿美元，后来因经济低迷，门店关闭，2020 年销售额相对略有下降。欧盟企业中，路威酩轩的市值仅次于荷兰皇家壳牌集团——排在联合利华和大众之前。其规模是同行业的开云集团（旗下拥有古驰、圣罗兰品牌）的 3 倍、历峰集团［旗下拥有卡地亚（Cartier）、寇依（Chloé）品牌］的 5 倍。路威酩轩集团的时尚板块涵盖服装、皮具、鞋履、珠宝、化妆品、手表和旅行箱。

路威酩轩的现代史是由贝尔纳·让·埃蒂安·阿尔诺（Bernard Jean Étienne Arnault）书写的，其故事告诉我们，他是奢侈品时尚界举足轻重的人物，也是一个很有意思的人。他不仅创立了路威酩轩集团，还在奢侈品时尚行业从创立者运营、客户量小的公司模式，向公共贸易、职业经理人管理的公司模式转变中，起到了核心作用。2021 年，彭博社将阿尔诺一家（占股路威酩轩集团 47%）列为世界第二富豪，2020 年前其净资产值预估为 1600 亿美元——位列伯克希尔·哈撒韦公司的沃伦·巴菲特和微软的比尔·盖茨之前，仅次于杰夫·贝索斯。

2021 年，贝尔纳·阿尔诺 72 岁，是路威酩轩集团的董事长兼首席执行官。其与前妻育有 2 个孩子，与现任妻子育有 3 个孩子。5 名子女都在路威酩轩集团管理层任职：45 岁的德尔菲娜是路易·威登集团副总裁，主管所有产品相关活动；43 岁的安托万是伯尔鲁帝品牌的首席执行官和诺悠翩雅（Loro Piana）品牌的董事长；28 岁的亚历山大是旅行箱品牌日默瓦（Rimowa）的首席执行官，集团收购蒂芙尼（Tiffany）后成为蒂芙尼首席执行官；26 岁的弗雷德里克是手表品牌泰格豪雅（TAG Heuer）的首席执行官。谁最有可能成为继承人呢？一位 LV 高管告诉我，在这个问题上，德尔菲娜和安托万平分秋色。

贝尔纳·阿尔诺毕业于巴黎综合理工学院，曾一度想成为钢琴演奏家，但后来发现自己没有这方面的天赋。他的现任妻子海伦娜·梅西埃（Hélène Mercier-Arnault）和儿子弗雷德里克倒是撑起了家族的音乐基因，两人曾在公开音乐会上共同演奏。

起初，阿尔诺着手在纽约为祖父建立建筑业务分公司。有一次，他在纽约街头和出租车司机的交谈过程中，产生了他的第一个战略投资计划。阿尔诺跟司机提起了当时的法国总统乔治·蓬皮杜（Georges Pompidou）。司机说："我不认识他，不过我知道克里斯汀·迪奥（Christian Dior）。"正是这次对话让阿尔诺相信，他要做国际化的业务，而时尚要比建筑更有希望让他成功。

1984年，他收购了博萨克（Boussac）集团，这是一家已经破产的纺织品公司，控股迪奥高定时装业务[博萨克集团所有者马赛尔·博萨克（Marcel Boussac）曾在1946年投资迪奥的第一家时装店]。阿尔诺说服父亲投资1500万美元，并设法从投行拉扎德公司借款以补齐缺口。他用两年时间裁员近万人，并将博萨克集团业务悉数卖掉，除了迪奥——据称，这些操作让他赚了4000万美元（有些估测显示盈利更高）。这种交易体现的正是美国的商业文化和做法，而不是欧洲商业传统。从此，媒体一直以"穿着开司米衫的狼"这一称谓，对他口诛笔伐。

那时迪奥的昔日荣耀已黯然褪色。克里斯汀·迪奥于1957年逝世，此后，迪奥举办过几次时装发布会，并未溅起多大水花。与此同时，迪奥还肩负着200个许可协议的重担，涉及产品包括迪奥丝袜、迪奥婴儿装、迪奥拖鞋和迪奥塑料镶边旅行箱。这些许可产品的质量良莠不齐，有些甚至没有质量可言。部分许可持有者生产的服装款式甚至和创意总监马克·博昂（Marc Bohan）为母品牌设计的款式不是一回事儿。所幸，迪奥香水和化妆品业务带来了充足的现金流，阿尔诺可以借此取消已有许可，重新购买执照。阿尔诺让奇安弗兰科·费雷（Gianfranco Ferre）接替博昂成为主设计师。费雷不是法国人，而是意大利人，他想让迪奥服务的客户群从年龄稍长、较传统的老主顾，转向更为年轻的消费群体。

1987 年，阿尔诺为争夺路易·威登的控制权而发起了一场收购大战。美国式的收购并不友好，这在法国很少见，在奢侈品时尚界更是闻所未闻。当时的路易·威登集团董事长亨利·拉卡米耶（Henry Recamier）此前曾为避免收购，与巴黎的香槟和干邑生产商酩悦·轩尼诗（Moët Hennessy）合并，合并后的公司名为酩悦·轩尼诗－路易·威登集团，即路威酩轩集团。这次并购并没有为两家带来深入协同性，唯一的好处是合并后的集团规模巨大，再想出价收购就不容易了。此时，路易·威登管理层和酩悦轩尼诗所有者就战略提议发生了冲突，而阿尔诺正好将博萨克集团的部分利润投到路易·威登的股权中，于是拉卡米耶便让阿尔诺出面协调。

阿尔诺没有解决双方的分歧，反而借此机会，利用博萨克集团的现金和拉扎德投行的融资，加大自己的持股比例。等威登家族出售自己的股权后，阿尔诺便一家独大，成为首席执行官。接着，他将思琳（Céline）和纪梵希两大品牌也收入集团囊中。

收购路易·威登之后，阿尔诺任命约翰·加利亚诺为纪梵希首席设计师，希望他能设计出让年轻一代消费者感兴趣的高定时装。据传，阿尔诺最初并不想启用加利亚诺，他召集时尚记者开了个会，让他们选出"最有创意"的设计师，记者们为加利亚诺投了票。一年后，加利亚诺调任迪奥的时尚总监，阿尔诺让亚历山大·麦昆接管纪梵希。阿尔诺对两个品牌带着"酷"劲重生的希望已压过两家品牌的传统。任命新人担纲设计的安排是成功的，至少短期来看的确如此。

阿尔诺开始大举推进时尚品牌的全球化发行推广，并持续以创意无限的新鲜血液更替树大根深的老牌设计师。1997 年，他任命 34 岁的美国设计师马克·雅可布为路易·威登创意总监，使路易·威登从此改头换面。随后，阿尔诺选中同为美国人的迈克·高仕（Michael Kors）执掌思琳、古巴裔美国人纳西索·罗德里格斯（Narciso Rodriquez）执掌罗意威（Loewe）。

2021 年，路易·威登俨然成为世界最大的奢侈品时尚品牌。LV 占路威酩轩集团当年 420 亿欧元销售额的 1/4，利润几乎占母集团 100 亿欧元的半壁江山。根据 BrandZ（价值品牌调查）排名来看，路易·威登是最具价值的奢侈品品牌，市值 470 亿美元——不过具体计算方法不得而知。香奈儿紧随其后，成为第二最具价值的奢侈品品牌，市值 370 亿美元，而爱马仕位列第三，市值 310 亿美元。

阿尔诺也曾痛失一个时尚品牌。那是 2019 年之前，他唯一从零开始，一手创办起来的公司，还有一位名设计师加盟，阿尔诺认为他可与伊夫·圣·罗兰、克里斯托巴尔·巴伦夏加和卡尔·拉格斐匹敌。1986 年前后，收购迪奥两年后，阿尔诺成立了拉克鲁瓦（Lacroix）品牌，斥资 800 万美元，把克里斯汀·拉克鲁瓦（Christian Lacroix）从巴杜时尚公司挖过来。拉克鲁瓦的高定时装大获赞誉，然而多被收进博物馆束之高阁，卖得并不好。20 世纪 90 年代中期，拉克鲁瓦品牌市场份额缩水。苦心维持到

2005 年，路威酩轩集团卖掉了拉克鲁瓦。2009 年，拉克鲁瓦宣布破产。

路威酩轩集团旗下的品牌开了举办季度时装秀以制造最大媒体曝光度的先河。这些品牌发布媒体资料，介绍时尚设计师和品牌首席执行官，并在时装秀开幕后发布新闻稿，报道参加聚会的明星名流。1997 年 1 月的巴黎时装周大秀上，阿尔诺为出席秀场的诸多名流提供服装。杂志名记和小报狗仔纷纷拍照报道。阿尔诺说："时尚圈里没有所谓的'坏公关'。"每场秀之前，他都要安排与金融分析师和时尚记者做专访，从而确保他的品牌能在金融领域和时尚版面都获得关注。

1999 年 1 月，阿尔诺试图收购古驰。这是一家总部位于佛罗伦萨和伦敦的时装公司，由汤姆·福特和多明尼科·迪梭（Domenico De Sole）运营。阿尔诺已悄然累积 34% 的股权，价值 14 亿美元，却对外坚称自己只想做被动投资者。他购买股权的举动让古驰股价飙升 30%。金融媒体认为古驰大股东终将像威登家族一样屈服。福特和迪梭反对使用"收购"这个词，两人表示，如果该提议通过，那么他们就辞职。

1999 年 3 月，古驰终于找到了救星：法国亿万富豪弗朗索瓦·皮诺特（Francois Pinault）及其零售集团巴黎春天百货。收购古驰后，巴黎春天百货规模扩大，并将皮诺特的"圣罗兰公司"纳入旗下。皮诺特说，他们还将继续收购，壮大时尚品牌，形成足以与路威酩轩集团抗衡的奢侈品集团。

阿尔诺对此回应，他提出收购价，要获取古驰的全面控制权，随后又加价第二次提出收购。迪梭抱怨说："阿尔诺是在维护他的垄断帝国……他是整个行业里唯一在放手大肆收购公司的奢侈品集团。"这场收购战最终以股东投票告终。古驰的股东们拒绝了路威酩轩的提议，把控制权留给了古驰管理层和皮诺特。阿尔诺降低持股比例到21%——这意味着他对该公司不再具有影响力。

《华尔街日报》（*The Wall Street Journal*）的记者托马斯·卡姆（Thomas Kamm）评论这件事时写道："这场……为古驰而战的斗争是新欧洲的典型象征……两个法国人同仇敌忾，为一家意大利公司的控制权严防死守，这家公司的资深律师和设计师还都是美国人。"这正是奢侈品时尚界演进方向的一个剪影。

路威酩轩的收购轨迹中还有一个更有意思的案例，那就是英国菲利普斯拍卖行。1999年，阿尔诺花1.2亿美元实现了对该拍卖行的控股。金融媒体圈对这次交易表示批判。收购一家主营当代艺术的拍卖行，与一个奢侈品时尚集团的形象格格不入。2001年，菲利普斯拍卖行损失一大笔钱后，阿尔诺将该公司的股份给了小股东西蒙·德·普里（Simon de Pury）和戴尼安娜·卢森堡（Daniella Luxembourg）。2008年，普里手中菲利普斯拍卖行的控制权转手到了俄罗斯企业家列昂尼德·弗里德兰（Leonid Friedland）和列昂尼德·斯特鲁宁（Leonid Strunin）手中，这两位是总部位于莫斯科的奢侈品零售连锁企业——水银（Mercury）集团的控股股东。他们持有古驰、布里奥尼（Brioni）和巴黎世家的俄罗斯经营许可。列昂尼德称，这次时尚媒体没有异议了——菲利普斯拍卖行确实是奢侈品和时尚帝国的一个合理延伸。而这种艺术与时尚行业之间新建立的兼容性，在很大程度上要归功于阿尔诺。

2010 年，阿尔诺向爱马仕发起收购，爱马仕已是为数不多的大型独立奢侈品品牌了。自 2002 年起，在长达 11 年的拉锯战里，阿尔诺通过对冲基金相关的策略，购买了爱马仕 23% 的股份。其中包括通过金融中介机构购置股权衍生品——每家中介持股 5% 以下。通过这种方式，只要阿尔诺的投资超过所有者比例门槛，他就可以无视巴黎证券交易所关于信息公开的规则。法国商界猜测，继六代家族企业之后，爱马仕将被移交至路威酩轩时尚集团麾下。阿尔诺只需要说服两三个爱马仕的继承者即可。然而，他失败了。

2011 年，爱马仕一纸诉状向阿尔诺和路威酩轩集团提出刑事诉讼，指控其存在内幕交易。阿尔诺表示他的行为是合法的，并以"诬告"为由提起反诉。法国当局最后以在股权收购过程中违反透明规则为由，对路威酩轩集团罚款 800 万欧元，但并未裁决其存在内幕交易。

2014 年，阿尔诺和爱马仕首席执行官阿克塞尔·杜马斯（Axel Dumas）达成一致，路威酩轩集团将手中的爱马仕股份剥除给其他股东。阿尔诺保留 8.5% 的爱马仕股份，价值 22 亿欧元。路威酩轩集团在阿尔诺持有爱马仕股份期间，因股票增值获得资本收益 38 亿欧元。阿尔诺和路威酩轩集团同意截至 2018 年年中，都不再购买更多的爱马仕股份。直到 2021 年年初，路威酩轩集团对爱马仕再未发起公开动作。

阿尔诺收购的非时尚领域业务包括法国著名的豪华列车"东

方快车"、伦敦的贝尔蒙连锁酒店和三家位于博茨瓦纳的游猎酒店。阿尔诺说，他的收购策略"才刚刚开始"。2019 年 10 月，路威酩轩集团出价收购有着 182 年历史的美国珠宝商蒂芙尼，最终以 158 亿美元的价格成功收购，成为阿尔诺实现的价值最高的收购案例，也是整个集团囊括的第 80 家品牌。

　　路威酩轩集团要收购的下一个宠儿最有可能是哪家呢？要么是托德斯（Tod's），只要各方能谈拢价格；要么是普拉达，这家品牌目前 80% 的股份由缪西娅·普拉达和丈夫帕吉欧·贝尔特利（Patrizio Bertelli）掌握（其余股份公开交易）。人们一度认为，只要价格合适，普拉达就会同意收购——至少 2020 年前是没有问题的。

　　当巴黎春天百货获得古驰的控股权后，持股公司更名为开云集团。此后弗朗索瓦·皮诺特沿用了阿尔诺和路威酩轩集团的商业模式，也通过收购打造时尚集团。截至 2021 年，开云集团旗下坐拥 16 个品牌，包括古驰、圣罗兰、葆蝶家（2001 年收购）、巴黎世家（2001 年收购）、亚历山大·麦昆（2001 年成为合作伙伴）、布里奥尼（2011 年收购）和克里斯托弗·凯恩（2013 年收购）。开云集团在非时尚领域的知名收购案例包括 1993 年的拉图酒庄和 1998 年的佳士得拍卖行。

　　2015 年前后，路威酩轩集团开始接受电子化，然而并不是作为销售渠道，而是因为路威酩轩发现，该集团旗下门店 65%—90% 的奢侈品销售都是消费者事先在互联网上搜索过的产品。2017 年，路威酩轩集团开了第一家网店 www.24sèvres.com（即现在的 www.24S），但是按照该集团的规格，这个网站的上架产品和对其进行的推广却比预期少。

2019 年，路威酩轩集团将 35% 的媒体支出挪到网上业务。时尚杂志和大众发行报纸却成了输家，因为时尚业是日常报纸的第二大广告来源（仅次于汽车广告），这种传播介质的未来——看起来并不明朗。

为什么集团所有制结构对路威酩轩集团和其他奢侈品集团奏效呢？对于时尚而言，规模是一种优势。一个集团的金融资源允许在多个品牌之间实现资金流动，由现金流强的品牌流转到新品牌或重建品牌，因为后者可能缺乏以一己之力获取充足资金的能力。时尚公司因此不需再为沟通信用额度授权而发愁，它们可以向集团借贷或由集团担保借贷，条件更加优惠。而开发电商平台的巨额成本也能分摊到多个品牌上。

集团也具有对多品牌零售商的议价权："贵公司的门店想卖这个品牌的产品？那我们强烈建议您也顺带卖这个品牌。"为了求得商场的好位置、拥有和房地产开发商讨价还价的能力，归属于一家拥有几个抢手品牌的控股公司是有帮助的。没有路威酩轩旗下品牌的加入，就开不了奢侈品商城。经营路威酩轩集团最叫座的品牌的代价就是也要接受其他品牌。收购公司这一招，也能为时尚集团带来针对时尚杂志出版商的议价权，有利于协商价格和预定杂志中最靠前的广告位置。

集团最大的好处，或许就是有吸引并留住创意人才的能力。时尚品牌创立者很快就发现，服装设计这一套技能和金融、市场营销完全不同——随着集团业务的拓展，需要不断获取新的专业技能。阿尔诺说："在独立公司里，设计人才很快就会遇到创作瓶颈。而在路威酩轩集团，他们可以从时装部门转到珠宝部门，再由珠宝部门转到红酒部门。"奢侈品集团给创意总监开的工资和设计预算也要更高。

发展不错的独立时尚品牌将部分或全部业务卖给时尚集团的模式，总体上来说可能对时尚行业是好事。如果独立品牌想进行拓展，那么从银行或股市融资时会遇到困难。要在伦敦邦德街的好地段开一家零售时装店——仅预付款就需要 1000 万英镑之多。装修店面还要花费大概 200 万英镑，年租金又是 100 万英镑。这正是 2020 年年初罗意威在伦敦开第一家旗舰店的经历。甚至厉害如加利亚诺和麦昆，在各自拥有成功时尚品牌的情况下，如果没有阿尔诺和路威酩轩集团的担保作背书，也会遇到业务拓展困难。

面对现实风险，独立品牌设计师也想寻求加入集团。品牌创始者都明白一个道理，品牌创立后可能会有几年好光景，但"黑天鹅"[1]不可预知，随时可能浮现，到那时就难免会遭受损失。而如果让一家集团作为合作伙伴来承担部分下行风险，独立品牌承担的压力就没有那么大了。

1　指难以预测，突然发生时会引起连锁反应、带来巨大负面影响的小概率事件。

爱马仕：传统与匠心

奢侈品行业建立在一个悖论之上：品牌越抢手，卖得就越多；卖得越多，品牌就越不抢手。

当一款产品卖得过多时，就卖不动了。

——帕特里克·托马斯 爱马仕前首席执行官

时尚作家常把爱马仕看作"奢侈品时尚界最受推崇的公司"。爱马仕也很赚钱：该公司 2019 年销售额达 69 亿英镑，净利润 24 亿英镑。

爱马仕和路威酩轩是两个极端，爱马仕有着不同的奢侈品时尚哲学，一贯坚守传统。爱马仕不是一家拥有品牌矩阵的集团企业，它的所有产品都统归于一个品牌之下。爱马仕经营高定时装、成衣、皮具、香水、珠宝、丝巾、针织品、家具和生活用品。其价格之高令人咋舌，有 30 万美元的铂金包，有 95 000 美元的鳄鱼皮 T 恤，还有 3900 美元的瓷滑板。其中没有明显爱马仕标志的两款核心产品当属铂金包和凯莉包。

　　爱马仕对传统工艺的执着通常要追溯到中世纪欧洲的行会。管理层表示，坚守这样的初心是为了提供一个让匠人精进技艺、臻求完美的场所。爱马仕在世界各地有 13 500 名员工，在法国有 31 家制造工厂——每家工厂员工不超过 200 人。爱马仕针对包袋、女装成衣、男装、丝巾、香水、鞋履、珠宝和家居装饰，分别开设了工作室。除"产于法国的分散式工作室"以外，主要就是来自巴西爱马仕养殖场的丝绸、澳大利亚两家养殖场的鳄鱼皮、美国路易斯安那州一家养殖场的短吻鳄皮和越南的漆器。

　　为拓宽奢侈品产品线，爱马仕仅做过为数不多的几次收购——都以友好方式完成。而且收购后，这些品牌仍保留原品牌名。1976 年，爱马仕收购了英国奢侈品鞋履品牌约翰·罗布（John Lobb）的巴黎业务。20 世纪 80 年代，收购了餐具制造商博艺府家（Puiforcat）、圣路易（Saint Louis）和佩里格（Perigord）。1999 年，爱马仕购买了让·保罗·戈尔蒂埃时尚公司 35% 的股份。

　　爱马仕在巴黎之外设立了一家私人定制工作室，为客户提供汽车、摩托车、飞机和帆船的牛皮衬垫制作服务，也为私人飞机制作座椅衬垫，偶尔定制整套内饰。成品上不会印出爱马仕的品牌标志，只要定制的客人自己知道制造商是谁就够了。这家定制工作室的负责人阿克塞尔·德·博福特（Axel de Beaufort）指出了定制的独特之处："定制产品并不是说费用更高，而是成本更高……费用是指价格，而成本指的是一款爱马仕产品中要投入的人力、时间、材料和工艺。"

1837 年，蒂埃利·爱马仕（Thierry Hermès）在巴黎布勒瓦大道（Grands Boulevards）街区创立了爱马仕公司，起家时是一家马具马鞍工坊。最初的爱马仕产品供给贵族养的马使用，后来爱马仕也开始做皮质饲料袋和用来装马鞍的马鞍包。

据说蒂埃利·爱马仕的妻子曾抱怨找不到合乎自己品位的包，于是，1922 年，她的丈夫为她做了一个。之后朋友们纷纷来要类似的包，就这样，一个时装包产品线诞生了。1930 年，爱马仕开始生产公文包（Sac à dépêches）。截至 2019 年，爱马仕的马具业务部门雇用了 15 名工匠，而为人类制造皮具（主要是手袋）的部门共有 3000 名工匠。

1937 年，爱马仕利用制作赛马骑师帽的布料，开始生产方巾。他们每年会新出 20 款方巾：春季 10 款、秋季 10 款。1949 年，爱马仕开始制作领带。1952 年，爱马仕香水随之而来。

蒂埃利有四个曾孙女，但没有曾孙，因此，如今的爱马仕公司里没有人姓"爱马仕"。现在，家族的第五代、第六代在运营公司，现任首席执行官阿克塞尔·杜马斯就是家族的第六代继承者。

关于爱马仕的生产工艺，人们津津乐道的例子就是高端包袋铂金包和凯莉包。这两款包都出自巴黎城外的庞坦（Pantin）皮革工坊。做一只包平均需要 25 天，如果是用稀有皮料——比如用鳄鱼皮做，时间要更久。所有工序都由一名工匠完成：裁剪、黏合、敲打、缝合、皮革上色、五金镶嵌。爱马仕不会记录每只包投入的做工时间和物料成本。做好一只包后，工匠会将自己姓名的首字母以及完成日期印在包的内里，就像艺术家在画或雕像上签名一样。手袋表面没有明显的品牌标志，只留一个字母"H"，谨慎周到。

铂金包的风格准确来说是半波希米亚风，凯莉包则更为传统，"用在什么场合都合适"。铂金包的包装是橙色大纸盒，纽约曼哈顿上东区的女士们会一连几天带着这种纸盒去午餐。如果二手铂金包的包装盒保存完好，那么会卖上更好的价钱。

铂金包背后的故事堪称时尚冷知识中的"对观福音书"[1]。爱马仕曾三次讲述三个不同版本的故事。其中一致的是这款包的灵感来自英国演员简·柏金（Jane Birkin），她是法国歌手、作曲家、编剧、导演塞吉·金斯伯格（Serge Gainsbourg）多年的恋人——由此可见铂金包的波希米亚风底色。

1981年，简·柏金乘飞机从巴黎飞往伦敦，与时任爱马仕首席执行官让-路易·杜马斯（Jean-Louis Dumas）同行。两人交谈时，杜马斯问简为什么背草编大提包，而不拎一只手袋。在最为大众接受的故事版本里，柏金是这样回答的，她发现大多数皮包都有棱有角——甚至不够大，装不下她女儿卢（Lou）的奶瓶。"等爱马仕设计出一款带兜的大包，我就背。""但我就是爱马仕啊。"据说这是杜马斯当时的回应。他随手画出一只大的手提皮包，用爱马仕马鞍针脚走线，配旋回钩。

1　四福音书《马太福音》《马可福音》《路加福音》《约翰福音》中，马太、马可和路加三福音的内容、结构以及文辞非常相似，对观福音书即将三福音打印在一起的福音书。

　　1957年，美国女演员格蕾丝·凯利（Grace Kelly）用一只凯莉包遮挡孕肚，以避开狗仔队的追拍，于是凯莉包一跃成名。她的照片连同凯莉包和上面的爱马仕标志扣，一起登上了《时代》杂志封面。这是公关的一次意外惊喜，凯利成为美丽、优雅和奢华的代名词。她是成为摩纳哥王妃的好莱坞明星。没人能想到她之所以背凯莉包，是因为这是品牌提供的。它不过是一位美丽王妃偏好的一款包。凯莉包的现代版是凯丽托特包，这是专为装13英寸笔记本电脑而设计的手工缝制的款式，售价12000美元。

　　据研究公司伯恩斯坦（Bernstein）的分析师卢卡·索尔卡（Luca Solca）称，2019年，铂金包和凯莉包为爱马仕销售额贡献了25%至30%，更是占了爱马仕利润的半数之多。他还估测，这两款包大约每年制作12万只，大多数处在低端价位。

　　2017年，佳士得在中国香港举办的箱包首饰拍卖会上，售出了一只爱马仕雾面白"喜马拉雅"鳄鱼皮铂金包，成交价294万港币——是最初成本的2倍，成为截至2021年拍卖会成交的价格最高的包。这只包制作于2014年，采用18K金金属配件，皮带镶有205颗钻石。"喜马拉雅"的名字取自包的颜色，随时间推移会由烟灰色变为珍珠白——与喜马拉雅白雪皑皑的山脊相得益彰。爱马仕称每年只生产一到两只喜马拉雅包。

　　著名的"爱马仕橱窗"时常出现在公司旗下各大门店里。这些橱窗是对爱马仕手工匠人的致敬。爱马仕为其1978—2013年在任的首席橱窗设计师莱拉·蒙卡里（Leïla Menchari）进行了推广，她为位于圣奥诺雷郊区街42号的旗舰店设计的橱窗精彩绝伦。2017 年，巴黎大皇宫为她举办了一场名为"爱马仕的飞行：莱拉·蒙卡里的世界"的特展。荷赛·达阳（Josée Dayan）还专门为她拍摄了一部纪录片。35 年里，她设计了 136 个梦幻橱窗，展示的每款产品都专为橱窗而设计。梦幻橱窗里的一切都不是为后续销售而准备的。

将路威酩轩和爱马仕一对比，就会发现巨大区别。爱马仕坚称公司没有设置市场营销部门——这种说法总是被最好的公关挂在嘴边。阿克塞尔·杜马斯进一步阐发了这个理念："我们为什么要这样做呢？麦肯锡（McKinsey）没有咨询部门，微软（Microsoft）也没有软件部门。市场营销就是我们的核心业务，公司每个人都有做营销的责任。"爱马仕的市场营销活动注重传统、传承、独特性和爱马仕的生活方式，而非寻求立刻产生销量。

奢侈品时尚界有一个说法由来已久：靠明星推广产品是一个品牌示弱的表现。爱马仕恪守"不请明星，不付费代言"的原则，在这一点上比任何奢侈品品牌都要坚定。它靠自己的消费者来亲自验证品牌的神秘性。爱马仕的主顾中不乏名声显赫的一线明星，但爱马仕称，品牌拥有除明星以外，来自大众的一份更加真实的代言。相比之下，路易·威登不顾明星代言的风险，并且屡试不爽：想想"大师"系列包袋的卢浮宫发布晚宴有多少明星、名流参加，其中又有多少人在杂志广告中为该系列出镜推广。

截至 2021 年，爱马仕全球品牌门店达 303 家，大多由爱马仕直接运营，只有有限几种品类，如香水、餐具、腕表会批发给独立的奥特莱斯店。而路易·威登在世界各地有上千家零售店，其中既有自家门店，也有奢侈品百货公司——尼曼·马库斯（Neiman Marcus）、萨克斯（Saks）、布鲁明戴尔（Bloomingdale's）、诺德斯特龙（Nordstrom）等。

为维持独特性，爱马仕试图限制"游客消费"——为亲朋好友代买的数量。门店规定"店员不认识"的顾客购买围巾不能超过 5 条，不过这仍无法避免顾客到其他爱马仕门店继续购物。

爱马仕和路威酩轩这两家奢侈品公司的主要差异，正是二者各自的营销和增长策略。路易·威登将营销预算的 2/3 投入品牌广告中，1/3 用在公关和活动上；而爱马仕正相反，表示自愿免费进行媒体曝光带来的价值更高，其在媒体广告上的投入仅占营业额的 5%。

爱马仕赞助世界各地的赛马比赛，以突出该公司与马和马具的品牌渊源。其中最著名的就是每年在巴黎举办的爱马仕马术障碍赛（Saut Hermès）。

2017 年，爱马仕重新上线美国电商网站，次年将平台拓展到欧洲。2019 年进军中国。2020 年门店关闭之后，电商规模进一步扩张。爱马仕线上销售范围包括成衣及售价 7000 美元以下的部分款式手袋、配饰、鞋履、丝巾、珠宝和香水。爱马仕称，如果这个网站算作一家实体门店的话，销售额可以排第一。而且线上销售额中，大部分来自已经设有门店的地区。线上销售额的一半产生于首次购买爱马仕的消费者。

爱马仕不在网上销售高端奢侈品（目前几乎是唯一一家，另外还有香奈儿）。问题是，数字化时代的今天，爱马仕是否能持续负担线下实体店的运营费用。短期来看答案似乎是肯定的。闭店期间，爱马仕并没有受到太大影响。顾客耐心等到门店恢复营业，并没有选择购买其他家的产品。爱马仕始终把零售体验和到店专业服务作为重点，突出线下服务的特别之处。

铂金包是爱马仕产品神秘性的最好诠释。薇妮蒂·马丁（Wednesday Martin）是《我是个妈妈，我需要铂金包》（*Primates of Park Avenue*）一书的作者。这本小说剖析了曼哈顿上东区的社会结构，其中用一个章节的笔墨讲了她对铂金包的追求。当出版该书的西蒙与舒斯特公司的编辑读到这一章的草稿时，建议马丁继续对其进行拓展演绎。

铂金包和凯莉包对于爱马仕建立起来的稀有性品牌光环发挥着核心作用。官方表示，等一只高端铂金包或凯莉包到货要长达6—9 个月。这和其他顶奢产品的做法如出一辙。顾客走进劳斯莱斯或法拉利（Ferrari）的 4S 店，不可能直接把新车开走。

爱马仕美洲区总裁兼首席执行官罗伯特·查韦斯（Robert Chavez）在 2018 年的一次谈话中说："铂金包供不应求，而且这种需求在持续加大。"这主要是说高端铂金包。卢卡·索尔卡估测消费者手中持有的铂金包超过 100 万只，大部分是 1 万美元以下的款式。

高端包价格 3 万美元起，比入门级奔驰还要贵。爱马仕否认明星或 VIP 客户在拿包方面享有特殊待遇，不过碧昂斯（Beyoncé）、Lady Gaga、金·卡戴珊（Kim Kardashian）和说唱歌手卡迪·B（Cardi B）都持有多个铂金包。据说，维多利亚·贝克汉姆（Victoria Beckham）拥有 100 只铂金包，价值总计达 200 万美元，她也许同时在排多个等候名单。

2014 年，《福布斯》（*Forbes*）杂志上一篇文章记述了在美国纽约买铂金包的一个场景。作家苏珊·亚当斯（Susan Adams）和爱马仕麦迪逊大道旗舰店的柜员发生了一段对话，亚当斯的结论是柜员没把她当成一个潜在客户。

> "你们什么时候会进一只高端的高价铂金包呢？"我天真地问道。
>
> "我说不好。"
>
> "您能记一下我的信息，等包到的时候通知我吗？"
>
> "我们家不搞这个的。"
>
> "我听说是有个等候名单的。"
>
> "我们家不搞这个的。"
>
> "上一次你们卖铂金包是什么时候呀？"
>
> "我说不好。"
>
> "我听说如果我是个好主顾，在你们这里消费多，拿到铂金包的可能性就会大一些。"
>
> "我们家不搞这个的。"

而爱马仕没有告诉大众的是，有一个用户活跃的二手奢侈品平台，上面会卖二手铂金包——有些包甚至是全新的：Rebag，一家线上兼实体连锁品牌（www.rebag.com）。2021 年 6 月，我到这

个网站搜索时，发现上面有 100 多只铂金包在售。而 The RealReal
（www.therealreal.com）上面有大约 250 只；因售卖二手运动鞋而
知名的 StockX（www.stockx.com）上面有 200 只。还有其他网站，
如 Collector Square、Baghunter 和 Vestiaire Collective。

这些网站上卖的二手包袋价格最低达到零售价的一半，Privé
Porter、The RealReal 等网站上的新包价格比零售价高 30% 至
50%。这些包都是哪来的呢？ Privé Porter 的创始人杰夫·伯克
（Jeff Berk）称，根据《纽约时报》，这些包来自爱马仕的 VIP 客
户，他们有机会在季初购买最新款的铂金包。伯克说，有些女士
买包不分颜色，不论尺寸、材质，就是为了通过他的网站转手
售卖，还能通过这种方式赚一笔。2020 年，《华尔街日报》上的
一篇文章曾援引 Privé Porter 的数据：爱马仕门店售价 12 000 美
元的 35 厘米基础款小牛皮铂金包，给到平台手上，价格便一下
翻到了 14 000 美元，而这个网站线上销售价格则在 18 000 至 22
000 美元之间。

买铂金包和凯莉包可能在阿里巴巴的司法拍卖平台"司法拍
卖"上最合适了。这个网站销售的是从走私犯和不法分子处没收
的奢侈品包。爱马仕是这个网站奢侈品专区最受欢迎的品牌之一，
平台上在售的包多达 1200 只，大多数售价只有零售价的三分之一
至一半。

对于要求独特性和一包难求的品牌而言，奢侈品包面临的这
种情况意味着什么呢？消费者手中持有的一百多万只包或者在等
候名单上可以加塞儿这回事，是否会威胁到铂金包和爱马仕的神

话？千禧一代的价值观世界里，对匠心的崇尚与欣赏再度升温，但这是否足以满足新新人类呢？

近些年的奢侈品行业史可以算作试金石。众多奢侈品时尚公司中，爱马仕的销售额和财务一直遥遥领先，2019年年底的营业额较2010年的增长了3倍。2019年，爱马仕的利润率比其他几大时尚集团都高。在2020年，爱马仕的股价甚至大涨，而业内竞争者则股价持平甚至下跌。

爱马仕的一大长期存在的问题就是对年轻消费者缺乏吸引力。销售额中只有25%是由千禧一代和Z世代消费的，在各大时尚集团中比例最低。另一个问题就是仍不完善的数字化平台。2019年，爱马仕的销售额仅有5%来自网站销售，是主要竞争者的一半甚至更低。

高定和 T 台

（T 台上的）高定时装是我们奢侈品业务的精髓所在。看看高定系列能吸引多少关注就知道。高定的秀场就是一个品牌聚集人气的地方。

——贝尔纳·阿尔诺路威酩轩集团首席执行官

一个服装设计师送到 T 台上的时装如果不能拉动手袋、墨镜和香水的销量，那些设计就毫无价值。

——马克·敦格　时尚作家

米兰、伦敦、纽约和巴黎的高定时装秀代表着大多数人心中对于奢侈品时尚的印象。模特们身着手工制作的服装，以繁复精细的造型昂首走过 T 台，而这些服装主打的是"一款设计适合你我他"的概念——奇怪的是，奢侈品的消费者大部分来自亚洲、中东和拉丁美洲这些不同文化圈层。

时装秀逐季举办这个惯例起源于欧洲。有春季时装周、夏季时装周等，还有为"航行季"专门准备的主题时装秀——的确是针对全球市场的，但举办的时间却根据地中海的季节性来安排，即使欧洲的四季划分与其他国家和地区并不同步。

高定时装秀的未来一直是时尚行业争论的话题。1965 年，《纽约时报》报道："每隔 10 年，医生们就会到法国高定的床前会诊，并宣布它距死期不远了。" 21 世纪，关于时装秀的未来之死，罪魁祸首是社交平台照片墙（Instagram），它满足了千禧一代即看即买的喜好；而另一方面则要归咎于千禧一代对可持续性的追求。然而，2020 年之前，为期四周的米兰、伦敦、巴黎和纽约大大小小的时装周早已将 500 个系列的时装秀排得满满当当。手工制作、定制服装进行 T 台走秀的未来似乎一片光明。

瓦妮莎·弗里德曼说，世界上只有"几百"位客户会直接从高定时装秀上买走服装，其中包括中东皇室和美国职业女性。对这个数字，业内的共识是"可能有 1000，可能有 2000，不会再多了"。我见过的最高客户数量是 4000。单看这个数字可能具有一点误导性。卡尔·拉格斐在 2017 年时表示，过去他的主顾每年可能会买 5 件高定礼服裙，而那一年他们买了 20 件。

没有时尚公司能仅凭高定产品的销售来收回一场精心策划的时装秀的成本。举办时装秀的目的是彰显品牌的创造性、获得媒体曝光率。品牌希望借此得到顾客的认可，设计上的创意性也会同样体现在该品牌的成衣、配饰、香水和其他产品线中。一个品牌举办时装秀，就意味着做好了让时装评论家评价自家设计的准备——虽然负面评论是极少的。人们经常用到这么一个比方：时装秀对奢侈品时尚公司的意义，就好比世界一级方程式锦标赛对法拉利——几十年前，就是对福特——的意义。

由于成本高昂，有些品牌从 21 世纪初就不再举办 T 台走秀，而把重点放在预售系列、小型时装秀和限量版发售上。限量版会使消费者对品牌产生兴奋感，从而制造口碑营销。品牌通过在社交平台上为即将发售的限量款发布预告的方式，让消费者产生兴趣。限量发售这种做法始于日本，后被西方街头服饰品牌 Supreme 沿用。欧洲奢侈品时尚品牌路易·威登、盟可睐（Moncler）、芬迪、古驰和思琳，也已经欣然采用了这种方式，因为限量发售正对千禧一代消费者的胃口。

让我们回到高定上。这个词从字面翻译过来是"高级制衣"或"高级缝纫"，其根源要追溯到 19 世纪的法国时尚圈，当时富有阶层女性穿的裙子是手工缝制的，要经过多次试穿改版。高定是指采用昂贵面料、制作数量有限、为走秀模特或顾客量身定做的服装。高定时装的价格可高达 10 万美元。香奈儿的重工婚纱甚至要 100 万美元。

成衣则是指由工厂生产，出厂即成形，以标准尺寸售卖的服装。随着 20 世纪早期时尚的民主化，成衣地位日益重要。后来成衣也开始带上设计师的品牌标志。再后来，一些高端品牌不再制作高定时装，而是专注于生产成衣。

高定时装的神秘性来自指导其制作过程的历史性原则（这些原则是鲜为人知的）。截至 2020 年，被法国高级时装协会（Chambre Syndicale de la Haute Couture）授予"高级女装设计师"称号的巴黎时装公司共有 14 家。为了保住这个头衔，每家时装公司每年必须举办至少两场时装秀，提供 50 款为客户订单制作的服装款式，每款都需要至少一次试穿改版；在巴黎至少要有一间工作室，全职工作人员不得低于 15 名。大多数时装买家只知道 14 家时装品牌中的个别几家，比如克里斯汀·迪奥和纪梵希。除此之外，还有弗兰克·索比尔（Frank Sorbier）、詹巴迪斯塔·瓦利（Giambattista Valli）、斯蒂芬·罗兰（Stéphane Rolland）等。此外有四家品牌总部不在巴黎：维果罗夫（Viktor & Rolf）、华伦天奴（Valentino）、艾莉·萨博（Elie Saab）和乔治·阿玛尼高定（Giorgio Armani Privé）。

设计师皮尔·卡丹（Pierre Cardin）曾称，因为他办成衣时装秀而被高级时装协会除名。协会会长多年后——2020 年皮尔·卡丹逝世后——表示这件事是杜撰的，但对于将其除名的原因也不愿多说。同样可能的原因是卡丹给了 120 个国家相关授权，许可经营该品牌从墨镜到床单的 800 款产品。

高定时装秀最广为人知的是在上面提到的四个城市举办的时装秀——米兰、巴黎、纽约、伦敦。这些城市成为时装设计和买手的重镇。现在上海也应该纳入这个范围。鉴于时装秀带来的游客和带动的消费，这些城市为高定时装秀提供补贴，并将洛杉矶、罗马等城市排除在这一行列外。这些城市在时装周中争奇斗艳，群雄逐鹿。

奢侈品公司为时装秀投入数百万甚至上千万欧元。预定场地、雇用模特、设计妆容、搭建舞台，样样费用加起来就会使小一点儿的品牌望而生畏。预算有限的品牌贸然办秀，可能会在专业呈现上露怯。高端品牌和几家平价品牌想显示"我们的秀（几乎）和他们家的一样有排场，所以每季都有一些中档时装秀，造价同样也很高，但秀场观众咖位低一些、媒体报道也少一些"。对于这些品牌而言，最理性的策略可能不是盲目模仿奢侈品时装秀，而是围绕自家顾客的喜好举办活动——即使这样的活动获得的媒体曝光少之又少。

奢侈品时装秀的场景令人叹为观止。路易·威登在卢浮宫办秀，到场的明星、四周的布景、现场的音乐及灯光，都呼应着品牌的地位和"酷"的气质。然而布景往往会抢了时装的风头。2018 年 10 月举办的香奈儿 2019 年春夏时装秀，选在巴黎大皇宫举办，卡尔·拉格斐在现场搭建了一片室内海滩，地板覆上沙子，用造浪机制造氛围，背景墙上投屏出一条海岸线，还有救生员在海边木屋值守。模特们光脚走秀——穿高跟鞋在沙地行走很成问题。这个场景花了 6 天时间搭建，又用了 5 天拆除。这场秀的成本估计有 2500 万英镑。最终，这个场景获得的媒体报道反而比时装本身还要多。

老佛爷以前的时装秀还用别的构景改造过大皇宫：正在融化的冰山、埃菲尔铁塔（复制品）、航站楼、火箭发射塔，还有摆满香奈儿牌洗衣粉和意面的超市。

2018 年春夏时装秀，老佛爷说想简单点儿办，把心思主要放在服装上。那场秀成了亚马逊纪录片《事前七日：香奈儿高定时装秀》（7 Days Out: Chanel Haute Couture Fashion Show）的主题。他所谓的"简单"场景，还是在大皇宫里构建了一个古典法式花

园，50米长的环形甬道包围着中心温泉，花园四周设有凉棚，花
架上缠满了玫瑰花藤，足有四层楼高。搭建这个花园场景动用了
200个人。这场秀展示的高定时装有64套，每一套平均需要花费
140个小时的手工才能完成。模特至少需要到场地三次——一次
试装、一次老佛爷彩排、一次正式走秀。因为巴黎时装周期间，
大多数香奈儿的模特同时也为其他家走秀，所以他们的行程都安
排得很紧凑。

四间香奈儿工作室的100名工匠负责制作这些服装，另外还
有100名辅助人员，包括摄像、保安等。保安负责检票，防止有
人强行闯入，同时还要在没有一眼认出到场嘉宾惹对方怨怼时加
以安抚。

T台走秀始于19世纪50年代的巴黎设计师查尔斯·沃斯
（Charles Worth）。沃斯坚信时装必须通过四维的方式来欣赏——
第四个维度就是动态。沃斯的妻子就是他唯一的模特。

20世纪初的时装秀（以及早期版本的 *VOGUE* 杂志）中，服
饰的模特是拥有这些服装的社交女性。对走秀模特的要求是有社
会地位以及身材苗条。模特们要保持面无表情，不能搔首弄姿，
这样才能让观众的注意力一直放在衣服上。一些时尚公司给模特
赠送服装，或允许模特消费时享受很大折扣。

1947年2月12日，巴黎春夏时装周的最后一天，克里斯
汀·迪奥办了自己的第一场时装秀。时装秀在蒙田大街（Avenue
Montaigne）30号举办，这是一家私宅，一楼是时装店。这场秀展
示的是一款名为"甜心小姐"的收腰包臀长裙，这是迪奥的新设

计。他将"迪奥小姐"香水喷洒在秀场各处，现场嘉宾也陶醉在新款香氛中。20世纪50年代，克里斯托巴尔·巴伦夏加为自己的高定时装举办了一场秀，他在T台两侧摆上一排排直背椅。这场秀时长一个半小时，全程寂静无声：没有音乐、没有主持、没有掌声。模特既有专业模特，也有顾客自己，所有人都按照没有面部表情的传统方式走秀。

看一看后来的一些时装秀有多夸张，就知道T台走秀从出现到现在变化有多大了。1993年，马克·雅可布为派瑞·艾力斯（Perry Ellis）办的春夏时装秀首次关注到文化问题。这场秀的灵感来自西雅图垃圾摇滚。雅可布为模特娜奥米·坎贝尔（Naomi Campbell）、凯特·摩丝（Kate Moss）和克里斯蒂·杜灵顿（Christy Turlington）穿上了妈妈式裙装和马丁靴。与这场秀相关的媒体报道几乎全是负面的。时尚评论家凯西·霍伦（Cathy Horyn）评论道："很少见到不修边幅会显得这么刻意，或者花费如此高昂。"雅可布因此被解雇。

2000年7月，英国设计师约翰·加利亚诺在巴黎办了一场迪奥春夏时装秀，主打"流浪时髦（tramp chic）"风。开场播放的是美国电视节目主持人杰瑞·斯普林格（Jerry Springer）现场观众激动的欢呼声，接着一对模特上台，带着白色妆容，身着吊牌翻在外面的破烂服装和紧身衣。《纽约时报》将这场秀描述为"饿着自己的迪奥模特演绎饿肚子的人"。加利亚诺称，他的灵感来自法国无家可归的流浪者和精神病患者。这场秀还引发巴黎流浪者的街头游行，他们因时尚炒作自己的生活状况而气愤。

　　为什么时装秀有时会选取这么奇怪的主题，秀上的服装和出现在门店里的又没有相似性可言呢？大概是因为曝光度最高的秀往往是那些反映了设计师的社会关切或让观众大为震惊的那类吧。时装周每天有那么多时装秀，在纷扰的背景音中，震惊和冲击是让品牌获得关注的一个办法。

　　有些时装秀凭借独特的选址获取媒体关注度。汤姆·福特在纽约公园大道军械库办过秀。2019 年秋冬时装周，他选择了位于纽约包里街和地兰西街（Bowery and Delancey streets）的一个废弃地铁站，嘉宾得沿着三层楼高的楼梯走到月台——要知道，女嘉宾都是穿着高跟鞋来的。纽约大都会运输署的工作人员身穿安全背心，担当引导员。福特为嘉宾提供的吃食不是香槟鸡尾酒，而是饺子和玛格丽特酒，用塑料杯盛装。

　　2020 年春夏时装周，福特从纽约转战到洛杉矶，因为纽约时装周和好莱坞举办的奥斯卡颁奖典礼时间冲突。福特的明星主顾们将参加奥斯卡典礼前后的相关聚会活动，所以好莱坞才是当季时装周出时尚大片的地方。当时，福特是美国时尚设计师协会（Council of Fashion Designers of America）会长，该协会主办纽约时装周，但这事也要往后靠。

　　正常点儿的高定时装秀，其中会有两三套离奇夸张的服装，是用来吸引时尚媒体镜头的。还有几套设计面向中东九大城市和地区：阿联酋的阿布扎比、迪拜和沙迦，沙特阿拉伯的利雅得和吉达，以及卡塔尔、科威特和巴林，这些地方构成一个单独的时尚群落。观察家说，主打中东市场的时装颜色鲜亮、带有串珠装饰。中东市场占巴黎官方认可高定时装设计师客户的 1/10，对有些设计师来说甚至多达 1/3。这些时装买回去也只能在家里穿，常常只是愉悦了其他女性的视线。

高定时装秀上还会有几款服装，是为富人买给情人而设计的——这些服装大概不太适合给妻子或女儿穿。这个"情人市场"占欧美高定销售的 15%。几大时装店的店员告诉我，不管进店的是一对男女还是一个男人，他们总能看出衣服是买给妻子还是情人的。中东销售数据中同样也隐藏着一部分情人市场。

高定秀邀请哪些时尚记者，取决于其所在报刊的发行量和业内分量，以及是否对该品牌以往的时装秀批判失当。邀请函可能会直接填好邀请出席的记者姓名，有时则直接送到报刊社手上。服装品牌的时尚总监拥有决定秀场嘉宾名单的最终否决权。

《纽约时报》《华盛顿邮报》等媒体的时装评论家在报道这些时装秀时深知，他们报道的不是现实世界。他们对服装系列进行描摹刻画，却明白这些衣服永远不会走进零售店，也明白许多文章读者会认为这些衣服荒诞离奇。时尚作家常常以秀场嘉宾介绍作为一篇时装秀报道的导语。嘉宾穿时装秀品牌自家服装到场看秀，既是对东道主的尊敬，也希望自己的看秀抓拍照片会因此出现在时尚报道上。

有时时装品牌会给明星提供巨额出场费。中国网红营销机构帕克街（ParkLu）的顾问伊利亚·威利（Elijah Whaley）称，邀请一线明星参加上海时装秀的报价或高达"100 万美元以上"，费用之高甚至让达·芬奇与昆斯包的卢浮宫发布会都相形见绌。

时装秀的座次安排显示着嘉宾在时尚金字塔的地位。有 VIP 和明星专区，有 *VOGUE* 杂志总编安娜·温图尔（Anna Wintour）和其他几位当红时尚作家专区，还有买手专区。另外，粉丝量大的时尚博主也会身穿品牌服装到场。座次越靠前，地位越高，曝光度也越高。许多获得站位入场券的嘉宾往往辞谢邀请。

零售买家出席时装秀，不对时尚评头论足；那样他们大可以在家通过 Vogue.com 或品牌官网看秀。大多数买家在私人"预售系列"展示会上就已经为成衣需求下好订单了。这些展示会提供部分走秀款的折扣版，可能出自名气不大的设计师之手。

时装秀走秀款服装一般只有 1—2 个尺码，因此试装模特要特别瘦。女模身高要 175 厘米以上，越高越好，臀要小，胸围 A 或 B 罩杯，体重 50 公斤左右。如果明星走秀，S 码是可以接受的——不过可能需要对衣服进行改版。一米八以上的明星可以上 T 台走秀。莉莉 - 罗丝·德普（Lily-Rose Depp）（身高 160 厘米，体重 47 公斤）是演员约翰尼·德普和老佛爷的缪斯女神凡妮莎·帕拉迪斯（Vanessa Paradis）的女儿，她曾走过香奈儿秀。

过去模特年龄通常为 16—23 岁，少数几个能走到 30 岁以上。如今 T 台上活跃的模特 30 多、40 多岁的大有人在。比如吉赛尔·邦辰（Gisele Bündchen）、娜奥米·坎贝尔、辛迪·克劳馥（Cindy Crawford）和海莲娜·克莉丝汀森（Helena Christensen）。转折点发生在 2017 年，多娜泰拉·范思哲（Donatella Versace）请来 4 位成熟的超模——卡拉·布吕尼（Carla Bruni）、克劳迪亚·席弗（Claudia Schiffer）、海莲娜·克莉丝汀森和辛迪·克劳馥，时尚界为之一振。同样一款衣服，穿在 40 岁女性的身上与 18 岁女孩身上给人的感觉是不一样的，却依然很美——而且 40 岁的女性更有可能负担得起奢侈品时装。

走秀模特的选择或许已经克服了种族和年龄的偏见，但至今仍在为身材多样性而苦苦挣扎。2016 年起，时装秀中泛起一股对"身体自爱（body positivity）"的象征性认可，这是指在一定范围内允许 L 码及以上尺码的模特走秀，但仅限于几位模特和几家品牌。几家高端品牌为大码女性提供成衣，不过也可能提供定制服装。但即便提供，也不会广而告之。许多明星，包括梅丽莎·麦卡西（Melissa McCarthy）曾公开表示过，奢侈品时尚品牌拒绝为他们提供红毯礼服。香奈儿的老佛爷对那些超过时尚行业惯称的"标准尺码"的女性发表过评论。

如前文所说，一些时装秀的目的几乎全在于发掘线上推广的潜力。2017 年 9 月，一场秋冬时装秀在拉夫·劳伦（Ralph Lauren）品牌位于纽约韦斯特切斯特郊区的仓库上演。说"仓库"其实不够准确，这个场地足足有 4460 平方米，用来存放 26 辆稀有跑车藏品。其中最珍贵的有 1938 年产的出征 Mille Miglia 1000 英里耐力赛的阿尔法·罗密欧跑车、1930 年产的梅赛德斯 - 奔驰 SSK Count Trossi 跑车——该车型诞生以来生产的唯一一辆，以及 1938 年产的 Bugatti T-57SC 大西洋跑车。

在场地内汽车没有占据的空间，拉夫·劳伦开辟了可容纳 275 人的秀场。到场的嘉宾有时尚编辑、时尚评论家、时尚博主和时尚摄影师，而零售买家只有几位。现场晚餐是由拉夫·劳伦在纽约的首间餐厅 The Polo Bar 提供的龙虾和汉堡。

这场仓库秀不是为了立即产生销售，而是为拉夫·劳伦进行线上推广，尤其是面向千禧一代。拉尔夫·劳伦说，这个品牌未来将利用 Instagram 和其他网站来影响千禧一代等对拉夫·劳伦感兴趣的消费者。大秀前一晚，劳伦开始在 Instagram 和 RalphLauren.com 上直播秀前 24 小时的幕后花絮。这次精心展示的效果，通过产生的线上点击量和观众在网站停留观看的时长数据可见一斑。

经济复苏后，传统形式的时装秀可能有一部分会被线上时装秀替代，或通过影视行业数字技术，或通过品牌招待会中举办的规模更小、私密感更强的活动。经济低迷也引发了一场关于时装秀举办时间的辩论——是应该继续按照秋季时装秀在三月举办、春季时装秀在秋季举办的惯例，还是应该让时装秀按照北半球季节的实际时间举办呢？每年是否应该有两次时装周，而非四次？我们对于时装秀的认知、对于秀场邀请嘉宾的认知，将在 2021 年年中之后继续深化。

02

高端时尚、平价时尚和
快时尚

高端时尚

时尚就是什么时髦穿什么。风格则更多在于做自己。

——奥斯卡·德拉伦塔 时尚设计师

时尚品牌金字塔中，位列奢侈品品牌以下的就是高端品牌。有几家品牌介于奢侈品品牌和高端品牌之间——具体哪几家，不同的人有不同的答案。大多数高端时尚品牌称不上奢侈品品牌，但远高于平价品牌。再往下，还有一些品牌则介于高端品牌和平价品牌之间。

如果问北美在某一时间有多少高端时尚品牌，从不同人口中得到的估测数字会大相径庭——当然有成百上千家。连时尚达人也很少能一口气说出十几个高端时尚品牌；这正是高端品牌的问题所在。如何让一家高端时尚品牌跻身于消费者逛街购物过程中会去"寻找探店"的四五家门店（或品牌）之中，而不被匆匆略过呢？

下面列出你可能会认可的十家高端品牌，排名不分先后：

托德斯（Tod's）　　　　　　　盟可睐（Moncler）

瑞贝卡明可弗（Rebecca Minkoff）　浪凡（Lanvin）

亚历山大·王（Alexander Wang）　玛尼（Marni）

马克·雅可布（Marc Jacobs）

罗杰·维维亚（Roger Vivier）

三宅一生（Issey Miyake）

卡罗琳娜·海莱拉（Carolina Herrera）

再列出十家你可能不太熟悉的高端品牌，和上面十家一样也通过自家门店或时装百货商场售卖产品：

德赖斯·范诺顿（Dries Van Noten）　The Row

菲莉帕·K（Filippa K）　　　　　刘·乔（Liu Jo）

梅森·马吉拉（Maison Margiela）　艾克妮（Acne Studios）

高田贤三（Kenzo）　　　　　　酷布丝（The Kooples）

伊丽莎白·法兰奇（Elisabetta Franchi）

艾诺逸（Agnona）

一位具有时尚意识的女性穿衣打扮会有自己的想法；所有女性（当然也包括每位详读本章的女性）对于高端品牌的排名先后以及哪些不属于高端品牌，都各有己见。

高端品牌的价位通常是奢侈品品牌的 40% 至 60%。这些品牌有时会打折——但打折销售的频率比平价品牌低得多。大多高端品牌的产品目前都可以线上购买，或可通过时装租赁公司获得，至少对于一些品类是可以实现的。

整体来看，高端时尚品牌是亏损的。麦肯锡咨询公司发布的

全球时尚指数，显示了世界各地、不同细分市场和产品品类的
500 家上市和私营企业的销售与盈利情况。2019 年，十大奢侈品
品牌和高端品牌的销售额是排在其后 90 个品牌的销售额之和。奢
侈品和高端时尚领域中，仅 20 家公司就赚到了行业利润的 90%。
过去十年里，这 20 家品牌大部分都是年年盈利。而麦肯锡研究的
500 家时尚公司中至少 400 家都是赔钱的。麦肯锡报告称，截至
2020 年 9 月，上市的时尚企业营收额达 500 亿美元，要么在亏损，
要么负债累累，甚至有的两种情况都有。

许多高端时尚品牌企业依赖实体零售，尤其是时装百货商场，
却因长期以来销售额下降而苦苦挣扎，导致批发需求也开始减少。

时尚行业中销售额和利润额表现突出的是奢侈品品牌和快时
尚品牌。

这种盈利差距不仅体现在时尚领域。1980 年，前 100 名上市
企业的利润占所有行业上市企业的 48%。2015 年（可获取数据的
最近一年），世界 100 强企业的盈利是所有企业总利润的 84%。

高端时尚品牌，尤其是上市企业的领导层，想通过开发低层
次市场来实现季度销售和盈利目标。他们面临着高端时尚的典型
困境：如何在从其他品牌那里争夺销售市场的同时，避免当季促
销过度、质量下降以及其他损害品牌形象、让品牌显得"平价好
买"的做法。

而有些品牌的策略则不同，比如意大利的乔治·阿玛尼，将
一系列副线品牌在多类门店、通过多种价位销售给多个细分市场。
这样做的风险在于，同一品牌下出现多个副线品牌，会让人产生

困扰，会对该品牌形成"最小公分母"的平庸印象。

一些高端时尚品牌效仿奢侈品品牌做服装生产，通常选在法国和意大利制造产品。这既是为了控制质量，同时也能通过在产品标签上打出"产地国"炫耀一番。

高端时尚品牌的消费者大多是收入占前10%的专业人员、艺人和商务人士。高端时尚品牌通常能彰显出一个人的品位和经济地位，产品上的标志比奢侈品品牌更明显。选择高端品牌的消费者希望自己的生活方式令人钦羡。

高端品牌消费者不会对价格过于敏感，不过也接受讨价还价。大多数高端时尚企业打折销售的原因是具体的、可预测的——比如系列停产或季末促销。诺德斯特龙等时装百货商场经常在季末促销高端品牌的产品。有时也会当季降价以吸引热度，或者是通过其旗下的折扣店 Nordstrom Rack 消化积压的库存。高端品牌对此颇有微词，但却无从禁止，因为还指望着这些高端零售商销售产品。许多品牌消费者直接等到产品促销时再购买。时装百货公司促销会扰乱品牌门店的经营——时装门店往往和时装百货公司在同一条街上，同样的东西却原价卖。

2008年金融危机之后经济下行期间，时尚行业仍认为不会殃及自己。其中最著名的观察意见来自尼曼当时的总裁伯特·坦斯基（Burt Tansky）："记住，当我们的顾客勒紧腰带的时候，这腰带通常是鸵鸟皮或鳄鱼皮的。"经济衰退时，高端品牌消费者反而注重购买配饰——手袋、围巾和手表。因经济下行产生的消费降级在服装方面体现更为明显，消费数据大约降低了20%。

下面介绍三家时尚公司的历史，这三家企业在 2019 年就已经遇到维持高端品牌身份的问题了。第一家营收呈长期下降趋势，前途未卜。第二家也遇到类似下行压力，但曾一度显现复苏迹象。而第三家则置高端时尚的大多数规则于不顾，因此濒临破产。

博柏利（Burberry）诠释了进行大规模降级销售，却努力维持传统高端市场定位的品牌的境遇。博柏利是大品牌，2021 年市值约 92 亿美元。想当初，博柏利是与路易·威登匹敌的竞争对手，后来却沦为位列平价市场顶端、类似拉夫·劳伦的服装商。

博柏利品牌由托马斯·博柏利（Thomas Burberry）创立于 1857 年，以其利用英国产的防水华达呢制成的经典风衣而知名。追溯该品牌的历史，欧内斯特·沙克尔顿爵士（Sir Ernest Shackleton）在 1914—1917 年前往南极探险时，穿着博柏利风衣、站在"坚忍号（Endurance）"甲板上留下一张照片。博柏利公司为参加一战的英国军官制造风衣，后来还为便装警察和探险家服务。演员亨弗莱·鲍嘉（Humphrey Bogart）和英格丽·褒曼（Ingrid Bergman）在电影《卡萨布兰卡》（Casablanca）中穿过博柏利风衣。英国女王在巴尔莫勒尔堡身穿一件卡其色博柏利风衣的照片也经常再现。还有一张照片，一群小混混穿着博柏利格纹风衣站在英国足球场看台上。这样一来，博柏利的品牌形象越发模糊。

21 世纪初，博柏利在全球范围拥有 23 家特许经营店，销售博柏利品牌的产品。那时博柏利的产品线包括马球衫和风衣，以及狗链、棒球帽和蛋糕烤盘。一些特许经营店没有进风衣的货。因为店面位置靠近奢侈品时尚精品店，或者本身就在特卖场里，销售风衣的价格可以低至 145 美元。博柏利将制造工厂从英国威尔士特雷奥奇镇迁到了墨西哥和中国。博柏利的经典条纹设计已成为英国工薪阶层的"CHAV"少年们的标志。"CHAV"是"Council Housed and Violent"的英文缩写，指在政府救济房里长大的底层青少年，而这个词反而在一些千禧一代看来很酷。于是博柏利的销售额上去了，但品牌价值下来了。

在美国，博柏利的条纹设计则与嘻哈文化产生了关联。碧昂丝曾穿过博柏利家的条纹比基尼，而杰·鲁（Ja Rule）戴过博柏利的渔夫帽。博柏利在欧洲和亚洲仍留有高端时尚品牌的地位，但销量每况愈下。

2006 年美国人安吉拉·阿伦茨（Angela Ahrendts）被任命为博柏利首席执行官。她聘请来自约克郡的克里斯托弗·贝利（Christopher Bailey）作为创意总监。博柏利生产、销售的所有产品都要经他同意。他上任后，博柏利开始购买过期的经营许可，停产狗链、棒球帽和蛋糕烤盘。博柏利还开了新店。选址标准是有两家以上奢侈品品牌或高端品牌竞争者的店面，而博柏利没有门店的地方。主打产品仍是风衣，广告上宣传的是"新潮而酷"，有 15 种颜色和款式可选，有些售价达到 1500 美元。每次营销活动，包括香水和美妆类产品——都由风衣主打。对此博柏利一定十分得意，雨中的一件风衣确实是勾起人们购买香水欲望的一个新奇切入点。

贝利试图通过与凯特·摩丝、娜奥米·坎贝尔和卡拉·迪瓦伊（Cara Delevingne）等明星合作，让博柏利"再英伦化"。这种重新定位在一段时期里成效显著；其他时尚企业将其称为"干一票博柏利（doing a Burberry）"，指的是拯救一个落寞贵族式的品牌。截至 2014 年，风衣再度成为博柏利的招牌产品。在一些人眼中，博柏利也得以重归高端时尚的殿堂。

2014 年，阿伦茨离开博柏利，加入苹果公司负责零售业务。她的离职正说明技术公司通过股权从时尚公司挖人带来的薪酬挑战。阿伦茨在博柏利时，很可能底薪在 100—200 万美元之间。而 2018 年她在苹果得到的股票分红价值高达 2100 万美元。

阿伦茨离职后，贝利晋升为博柏利的首席执行官和首席创意官（CCO）。他持续发力，逆转博柏利因多个分散产品线和混杂零售渠道带来的形象问题。随着价格上涨，平价时尚消费者快速放弃博柏利转向别家，而博柏利还未能完全赢得高端时尚消费者的青睐，所以销售额和市场份额都持续下降。贝利开始撤店，在约克郡开设新工厂的计划也被迫搁置，并宣布裁员。博柏利的盈利水平和股价双双下跌。在美洲的销售额更是呈两位数缩减，部分原因是博柏利赖以生存的时装百货公司销售额萎缩。

2017 年初，意大利人马可·戈贝蒂（Marco Gobbetti）出任博柏利首席执行官。一年后，贝利离职。戈贝蒂任命曾供职于纪梵希的意大利设计师里卡多·提西（Riccardo Tisci）为新创意总监。当时仍有许多消费者认为博柏利这个品牌和蔻驰是一个档次，认为从其品牌定位和近年发展来看，博柏利的产品定价过高。

博柏利持续提升品牌档次，用到的做法包括：减少入门级产品的数量、改善门店装修、从百货公司和大多数折扣商城撤店。这意味着要面向成本更高、时尚度更高的国家增加产品投放比例。最重要的一点，品牌要经历一段销售萎缩和利润锐减期。

大多数观察家认为，短期来看，博柏利的理性选择是接受品质、平价的品牌定位，拓展产品线，降低售价。这样的确能增加销量、提升利润率，但几乎可以确定的是，品牌价值和由品牌档次带来的高定价将一去不复返。而第三个选择——在高端品牌和平价品牌的边界之间竭力维持平衡，似乎也不现实。

2018 年年中，戈贝蒂宣布将采取一个与众不同的方法：进一步提升品牌的档次，不仅限于高档，而是直接进军奢侈品品牌——与迪奥、普拉达、古驰跻身于同一殿堂。这样博柏利的形象便可以重回 20 世纪 90 年代的酷，重获辣妹合唱团（Spice Girls）的光环。品牌的销售渠道也可以从第三方进阶到奢侈品门店。可以关闭小店，在迪拜等主要市场开大一些的店。还可以专注皮具、外礼服和街头潮流服饰，释放更加统一的品牌信息。风衣的售价也可以定在 2500 美元一件。

为扩大地理分布，博柏利还通过线上销售平台发发奇（Farfetch）进行全线产品销售。博柏利每月 17 日在该平台上投放限量产品。第一批限量产品是印有红色 "TB"（代表托马斯·博柏利——Thomas Burberry）标志的白色运动衫和 T 恤。17 日这一天并不是随意挑的：17 是里卡多·提西的幸运数字。

尽管博柏利国际驰名，仍难以提高定价。随后 2020 年，经济低迷造成闭店潮，首先是博柏利最重要的增长市场中国，然后席卷欧洲和美国。品牌的重新定位也戛然而止，直到 2021 年年中。

2021 年 6 月，马可·戈贝蒂宣布将离开博柏利，回到意大利在小一点的时尚公司菲拉格慕（约为博柏利规模的 1/3）出任首席执行官。该消息一出，博柏利股价应声下跌 8.7%。戈贝蒂的离职进一步提高了路威酩轩集团、开云集团或投资公司收购博柏利的可能性。

布克兄弟（Brooks Brothers）由亨利·桑德·布克（Henry Sands Brooks）创立于 1818 年，是美国运营至今历史最悠久的男装公司。拉尔夫·劳伦当年就是通过在纽约曼哈顿的布克兄弟公司做销售员，才开启他在时尚界闯荡的生涯。

布克兄弟也是一个尝试提升品牌档次的案例。该公司有着传奇历史。美国总统林肯发表第二任就职演讲时曾穿布克兄弟生产的外套，他在福特剧院遇刺当晚身穿的仍是布克兄弟西装。罗斯福、威尔逊、格兰特和奥巴马就职总统时都选择穿布克兄弟，2017 年特朗普穿的还是布克兄弟。该公司称 45 位美国总统中有 40 位穿过布克兄弟。

布克兄弟将成衣引进美国市场，使海军夹克、银行家斜条纹平布领带、扣角领衬衫和泡泡纱西服等款式得到推广。几十年来，常青藤名校和想加入常青藤联盟的学校都十分认可这个品牌。不难猜想，每家布克兄弟门店都展示着一个林肯就职时身穿布克兄弟西装的人体模型，正如路易·威登门店里都摆着一只 19 世纪末 20 世纪初 LV 行李箱的复制品。

1988 年，英国零售集团玛莎百货（Marks & Spencer）收购了布克兄弟，开始将服装生产转移到海外，"美国制造"（Made in America）的理念也随之废置。布克兄弟同时抛弃的还有其经典风格以及对品牌历史的宣传，反而模仿起香蕉共和国（Banana Republic）商务休闲式的快时尚风格。布克兄弟的销售员开始用"香蕉兄弟"来调侃雇主。布克兄弟推出了价位更低的服装款式，而且也开始在折扣商场里销售。有顾客反映质量有所下降。布克兄弟还摘除了纯棉针织马球衫上的经典金羊毛标志（很快又再次改弦更张）。

领导层决定让布克兄弟面向一切顾客、提供一切产品。同样是模仿香蕉共和国，布克兄弟开发了女装产品线。起初销量增长，但随后表现平平没有起色。随着折扣店销量骤增，零售利润随之下降。

2002 年，玛莎百货放弃拯救布克兄弟。布克兄弟被意大利实业家克劳迪奥·戴尔·维吉奥（Claudio Del Vecchio）收购，克劳迪奥的父亲跻身彭博社富豪榜第 46 位。作为唯一的出价者，克劳迪奥以 2.25 亿美元——13 年前玛莎百货收购价的 1/3，将布克兄弟收入囊中。

此前，克劳迪奥曾通过菲亚特集团创始人乔瓦尼·阿涅利（Gianni Agnelli）了解过布克兄弟，后者穿过布克兄弟家的牛津衫。一代意大利男性跟着阿涅利学穿衣，他在报纸上的照片怎么穿就模仿着怎么穿。克劳迪奥在欧洲开了布克兄弟旗舰店，还请设计师汤姆·布朗（Thom Browne）和扎克·珀森（Zac Posen）为布克兄弟参加纽约时装周设计款式。

截至 2020 年，布克兄弟在全球有 490 家门店，其中 110 家是折扣店，25 家是授权经营的机场店。布克兄弟也通过布鲁明戴尔、罗德与泰勒（Lord & Taylor）和狄乐百货（Dillard）公司销售产品。除美国外，布克兄弟的线下线上销售范围遍及其他 50 个国家，占其营收额的 1/3。男装占布克兄弟业务的 80%；而女装由于利润率更高，占 40% 的零售空间和 2/3 的橱窗展示空间。

从 2014—2019 年年底，布克兄弟销售额表现平平，在 10 亿美元上下，利润方面在收支相抵水平。克劳迪奥手中掌握着丰富的金融资源，不需要用季度报告取悦股东，同时拥有长期规划的能力，这些都说明他可能将布克兄弟送上高端品牌的行列并实现财务成功。但布克兄弟并未表现出明显改善，2019 年，克劳迪奥请投行 PJ 所罗门（PJ Solomon）研究这个品牌的出路，其中不排除出售的可能。所罗门给布克兄弟的估价介于 3—3.5 亿美元。

2020 年布克兄弟依据美国破产法第 11 章申请破产。该公司称其战略方向存在问题：布克兄弟把重点放在正式风格的服装，但华尔街上的企业早已降低了着装要求。居家办公模式进一步加剧了这种趋势。布克兄弟申请破产时，背有"5—10 亿美元的负债"。

布克兄弟最终被合资企业 SPARC 集团以 3.25 亿美元收购。

SPARC 集团此前曾 [与布鲁克菲尔德房地产合伙企业（Brookfield Property Partners）共同] 以 8100 万美元收购了濒临破产的美国青少年大众时尚品牌 Forever 21。两家公司还拥有美国著名校园品牌 Aeropostale，是 2016 年以 2.4 亿美元收购的。收购布克兄弟一个月之后，SPARC 集团趁热打铁，以 1.9 亿美元收购了美国男女服装品牌幸运商标（Lucky Brand）。这意味着 SPARC 已凭借白菜价收购的几大板块，为一个美国高端时尚集团的诞生打好了基础。不过这几大板块的协同性何在，值得挖掘。

关于高端品牌运营面临的风险，第三个案例的失误在于忽视时尚界的变化，如此任性不识时务，其命运可想而知。该品牌的大部分设计过了多年仍一成不变。既无心费力讨好千禧一代，也没有在亚洲市场占领一席之地。其销售渠道既有门店，也有公司自有折扣店。但在提供高端时尚的购物体验方面投入不足，甚至没有着手推进品牌艺术化。

这个品牌就是意大利的罗伯特·卡沃利（Roberto Cavalli），已于 2019 年 4 月在美国和意大利申请破产。该品牌经营男装、女装、童装，以及香水和皮具。旗下还有一些价格偏低的副线时尚品牌——卡沃利（年轻时尚版）（Just Cavalli）和卡沃利（经典版）（Cavalli Class），还提供卡沃利家具系列。甚至还开发了罗伯特·卡沃利品牌的巧克力、伏特加和房地产。根据破产清算报告，卡沃利从授权经营商的营收额中提成 1/3。

卡沃利曾一度被少数人看作奢侈品品牌，被大多数人看作高端品牌。该公司的创始人兼时尚设计师罗伯特·卡沃利因其极繁主义时尚最为著名——大胆的动物图案、魅惑感，还有他创造出的牛仔裤喷砂外观。截至破产时，卡沃利的公司已在佛罗伦萨开了 47 年。

2014 年，卡沃利家族将产业的 90% 卖给了一家名为克莱西德拉（Clessidra）的意大利私募股权投资公司。克莱西德拉没有奢侈品时尚的背景，但秉承着"发扬家族式企业"和"支持'意大利制造'品牌走出去"的企业使命。这次出售中对罗伯特·卡沃利品牌的估值为 3.9 亿欧元，只有卡沃利最初提出的价格的一半。卡沃利和其家族保留 10% 的股份。2016 年，克莱西德拉私募股权投资公司由意大利投资基金 Italmobiliare 集团收购。后者任命前普奇（Pucci）品牌设计师彼得·邓达斯（Peter Dundas）为卡沃利的创意总监，全权负责重整卡沃利的服装系列、门店和推广工作。邓达斯此前曾在卡沃利公司工作过，集团认为他最契合卡沃利的企业文化。但是销量却进一步走低，在俄罗斯市场尤为明显。邓达斯遂辞职。

之后 Italmobiliare 集团任命法拉利斯（Gian Giacomo Ferraris）为首席执行官。他制订了一个五年计划，首先就是关闭米兰分公司和许多门店，从 700 人的员工团队裁员至 200 人。法拉利斯起用了一位新首席设计师——保罗·瑟里奇（Paul Surridge），他曾供职于杰尼亚（Z Zegna）、卡尔文·克莱恩（Calvin Klein）和博柏利，经验丰富。法拉利斯说，做出这个选择很大一部分原因是瑟里奇在数字营销和成本控制方面颇有心得，可以充当他的设计资本。

　　这一招也没有奏效。截至 2018 年，克莱西德拉公司对卡沃利的投资已达 5.23 亿欧元，这个数字包含购入价以及因长达三年、金额高达 1.3 亿欧元的运营亏损而提供的资金支持。卡沃利的高管们称，还需要 5000 万—1 亿欧元才能实现瑟里奇五年计划勾勒的华丽转身，重整所有零售门店。

　　2018 年 9 月，克莱西德拉公司请投行罗斯柴尔德（Rothschild）集团寻找"拥有必要资源的"投资者使卡沃利"攻服难关，有一个新开始"。克莱西德拉公司同意追加投入 1500 万欧元，但拒绝了之后提出的 4700 万欧元的请求。2019 年 3 月，瑟里奇在入职卡沃利不到两年后离职。

　　一个月后，卡沃利在美国申请破产。申请文件称，卡沃利的北美子公司艺术时尚集团（Art Fashion Corporation）资不抵债，仅 2018 年便亏损 1800 万美元。保安陪同卡沃利美国方面的 93 名员工走出 7 家全线产品门店和 4 家折扣店。卡沃利的意大利母公司也申请了破产，请求法院在其寻求投资方期间提供 120 天的债务人保护。

　　哪里出了问题呢？问题之一在于品牌无限拓展，什么都卖、向谁都卖。想象一下迪奥牌的伏特加，或者爱马仕牌的房地产中介机构。还有一个问题是品牌的定位如何。瑟里奇在最后为卡沃利办的 2019 年春夏时装秀中说，他的设计关键词是"地位"，这让人联想到卡沃利 20 世纪 70 年代的动物图案设计。时装消费者，尤其是千禧一代，在街头服饰成风的世界中似乎对"地位"不为所动。

但卡沃利这个牌子仍有价值。一个办法是先将卡沃利品牌停用几年，之后再带着新设计和高额投资卷土重来，就像开云集团收购巴黎世家之后的做法一样。这样的话，卡沃利的买主要投入该品牌高管提出的追加投资——考虑到要在美国重新开始，可能还要更多。

最终，迪拜房地产开发公司达马克（DAMAC）的投资公司——Vision Investment 以 1.6 亿欧元收购了卡沃利，这笔钱大部分用于向债权人还债。Vision Investment 在中东经营酒店和特色房产。该公司表示，他们对卡沃利最大的兴趣是将这个品牌用于房产授权经营。据说以奢侈品品牌和名人名字作为噱头的房地产开发项目，比无品牌代言的项目要溢价 30%。而时装设计仍会推出，但并未提供细节。

米兰法院还考虑了另外两个买主。一个是意大利时尚集团OTB（Only the Brave），旗下有梅森·马吉拉（Maison Margiela）、玛尼和迪赛（Diesel）品牌。另一个是美国私募基金公司蓝星联盟（Bluestar Alliance）。这两家都表示如果收购，将把卡沃利当作平价品牌经营。

在瞬息万变的时代里，高端时尚的世界是无情的。

平价时尚和快时尚

平价奢侈品——这两个词不搭。

——贝尔纳·阿尔诺 路威酩轩集团首席执行官

时尚金字塔的第三个等级是平价时尚。其实这类时尚与高端时尚的话题是违和的，但仍然纳入本书讨论中，这是因为平价时尚品牌对千禧一代很有吸引力，而且其设计和价位也对高端市场形成了一定压力。

正如高端时尚领域的品牌数量远超奢侈品时尚品牌，平价品牌比高端品牌还要多。大家熟知的平价时尚品牌包括：

李维斯（Levi's）　　　　　　蔻驰（Coach）

盖尔斯（Guess）　　　　　　耐克（Nike）

拉夫·劳伦（Polo Ralph Lauren）　迪赛（Diesel）

阿迪达斯（Adidas）

汤米·希尔费格（Tommy Hilfiger）

迈克·高仕（Michael Kors）　　拉科斯特（Lacoste）

知名度可能低一些的平价品牌包括：

Tome	MSGM	Style Mafia
Ayr	甘尼（Ganni）	桑德罗（Sandro）
黑色丹宁（BLK DNM）		Caraven

乔纳森·西姆凯（Jonathan Simkhai）

旁观者（Band of Outsiders）

价格通常不能作为标准，去衡量一个品牌是否为平价品牌。有些平价品牌一只包或一条裙子可以卖到 500 美元，而对一些顾客来说，产品制作要精良，这个钱才算花得值。大多数平价单品的定价是这个价格的一半甚至更低，尤其考虑到它们频繁打折的情况。

平价品牌通常印有明显的品牌标志或字母图案。大多数平价产品产自亚洲或中美洲的独立供应商。如果产品需要显示产地国，会尽量用小字号等隐蔽的方式来表现，只要达到法律要求就够了。

平价时尚的消费者是典型的中产阶级，之所以购买品牌服饰是因为既有品牌保证，又有设计加持，价格也低。"争取从不原价购买"可以说是平价产品消费者的座右铭。平价时尚零售商非常了解，他们的消费群体对价格敏感、在意折扣，而且知道没卖出去的产品无法退给供应商，所以零售商在整个时装季都提供促销折扣。一半以上的平价时尚品牌价格优惠，常在折扣商场有售。每当这里季末"四折"甩卖开始的时候，就是消费者光顾下一个街区的高端品牌店的好时机，可以询问店员是否可以给过季单品打折扣。

有时顾客会得到类似于这样的回答，即："这个款式后面有几件，是打算要退货的，我们可以看看能不能给这些打折。"但这招在奢侈品门店是行不通的，问都不要问。

平价时尚的消费者可能会购买高端品牌的配饰：包袋、围巾、鞋履或腕表等彰显身份地位的单品。

平价时尚公司面临的战略问题是，如何在守住、扩大市场份额的同时把握品牌定位以吸引一些高端时尚的消费者。想迎合两个消费群体往往会弄巧成拙，争取一方会给扩大另一方的市场份额加大难度。

拉夫·劳伦作为平价时尚公司，是致力于提升品牌档次、服务多个时尚档次的典型案例。过去，许多美国人以及部分欧洲人都认为拉夫·劳伦是一个高端品牌。从拉夫·劳伦门店张贴出的照片可以看出，拉尔夫·劳伦曾与英国演员加里·格兰特（Cary Grant）、好莱坞电影演员葛丽泰·嘉宝（Greta Garbo）和其他昔日著名电影明星有过合作。拉夫·劳伦品牌讲述的品牌故事逐渐被大众接受。凭借这个品牌，拉夫·劳伦公司通过授权其他公司生产品牌产品开辟了新的营收渠道——毛巾、床单、香水和马球衫。拉夫·劳伦通常打折力度很大。一些拉夫·劳伦品牌的产品就是为了在品牌折扣店销售而生产的，而不是在正常的零售店销售。

2016 年以来，拉夫·劳伦一直尝试重新进行品牌定位。高端定位产品线 Ralph Lauren Privé 获得了更多的关注，该产品只在自家门店销售，营销方面也是通过为 2018 年美国冬奥国家队等重大活动提供服装而进行推广。而平价档次方面，2021 年仍有许多拉夫·拉伦工厂店在经营。

拉夫·劳伦和卡尔文·克莱恩的案例，充分说明时尚品牌克服对打折促销的依赖难度有多大。两个品牌的门店有时会为日常单品打个很小的折扣，"原价 185 美元，现在只要 179 美元"。店员反映，顾客对于省这么点钱很不满意，所以愤而离去了。产品是打了折的，品牌的折扣店也仍在折扣商场开着，所以品牌保留了一些平价时尚的特点。

时尚金字塔还有第四个档次，被称为"快时尚"。这个板块无论从销量还是从销售额来看，都是目前最大的时尚板块。快时尚品牌，比如飒拉（Zara）、H&M 和优衣库（Uniqlo）——因其设计品质、"时髦而不掉价（chic, not cheap）"的价值定位以及千禧一代对不同品牌的服饰进行混搭的接受度，而成功做大市场。快时尚品牌有时和路易·威登、爱马仕门店同在一条街。奢侈品品牌自然不喜欢这一点，但飒拉和 H&M 在这样位置好的大空间要支付相对更高的租金。这里的快时尚门店装饰精美，正是为了引导顾客更多关注内部环境，而不是产品价格。2019 年，飒拉销售额达 250 亿美元，H&M 达 260 亿美元，而优衣库则为 230 亿美元。

飒拉和 H&M 尤其对高端品牌施加了时间压力。前者仅靠评价很高的时装秀电视画面或照片便可复制出同样的一场秀，而且能赶在原创设计公司的成衣部门之前生产出这些款式并上架开售。快时尚公司的各级设计师按照一个更短的时尚周期运营，服装制作进度也更快。

平价时尚和快时尚品牌还对高端品牌形成了价格压力，尤其对那些想限制降价的高端品牌是一个问题。高端品牌想留有"法国制造"或"意大利制造"的光环，而快时尚（以及一些高端）品牌则将生产外包给成本更低的国家。结果就是高端品牌的一件裙子可能要卖 4000 美元，平价品牌类似的款式也许要 600 美元，而飒拉提供的快时尚平替款，材质和廓形都还可以，却只要 200 美元左右。

消费者明白，高端时尚品牌以及很多平价时尚品牌——质量更高，上身效果也会比飒拉、H&M 更好。但是消费者可能不太愿意为一件穿不了一两次的衣服花上好几百甚至上千美元。他们心里盘算的是"什么时候我能买得起质量好的衣服，什么时候我能把便宜衣服换掉而不心疼？"在 2020 年，快时尚销售额有所下降，而更环保耐穿的服饰更受消费者欢迎。当时尚重返新常态[1]之后，这种趋势能否持续尚未可知。

快时尚正在借鉴高档次时尚品牌的一个特点——明星代言。为了说明这部分盈利之高以及对高档次时尚板块形成的压力之大，这里举一个例子。2018 年，在温布尔登网球锦标赛中，罗杰·费德勒（Roger Federer）在美国网球公开赛的中心球场上穿着日本快时尚品牌优衣库设计的服饰——优衣库以平价的基础服饰而知名。赛后，他出席记者会的时候穿的是优衣库的牛仔裤和夹克，

1　新常态：指消费者重回快时尚消费品位。

一身加起来不到 250 美元，而他戴的劳力士迪通拿手表零售价在 40 000—120 000 美元之间（机型不同，价格有异）。

在很多球迷心中，费德勒是有史以来最伟大的男子网球运动员。他是瑞士人，精通英语和其他四种语言。他还为劳力士、日默瓦旅行箱、奔驰和瑞信银行代言。费德勒很少穿基础服饰。2016 年，他被 *GQ* 杂志评为"年度时尚男士"。在 2017 年纽约大都会艺术博物馆慈善舞会（Met Gala Benefit）的媒体报道中，他身穿古驰燕尾服现身，衣服背后饰有莱茵石拼成的眼镜蛇图案。*VOGUE* 杂志总编安娜·温图尔称自己是费德勒的头号迷妹。

费德勒所签的代言合同里没有要求穿优衣库的运动鞋。那天他穿的是瑞士的一个小众品牌昂跑（On）的运动鞋，他是这个品牌的投资方。

费德勒与优衣库合作的原因自然是他从中获得的高报酬，《纽约时报》（*New York Times*）等媒体报道称，费德勒从优衣库的 10 年合约中获利 3 亿美元。《泰晤士报》曾评估费德勒的身价为 4.5 亿美元，由此对其报酬之高可见一斑。还从未有网球运动员或高尔夫、曲棍球、棒球运动员在 10 年的职业生涯里挣过 3 亿美元，不论是奖金还是薪水。仅有几位足球和篮球明星曾企及这个数字。截至 2019 年，费德勒的网球生涯为他带来 1.3 亿美元的收入。

合约结束时，费德勒将年至 45 岁，早已不在顶级网球运动员之列。优衣库选择费德勒的原因，只是由其带来的关联度和曝光度吗，就像快时尚版的杰夫·昆斯与路易·威登的合作产生的效果那样？优衣库是否认为十年后费德勒的名气以及时尚价值——

仍堪比他如今作为网球明星时那般如日中天，并能全部传递给自己的时尚品牌？

和快时尚处于同等档次的是私有品牌时尚，品牌的名字和标志由零售连锁企业或线上平台持有。私有品牌是刚刚大学毕业步入职场的消费群体走进时尚领域的一个常见选择。私有品牌时尚规模大，偶尔还会和高端品牌合作，因此也很重要。美国零售商塔吉特（Target）合作过的设计师有伊萨克·米兹拉希（Isaac Mizrahi）、普罗恩萨·施罗（Proenza Schouler）、维多利亚·贝克汉姆和吴季刚（Jason Wu），由此带来平价版的高端设计。塔吉特有1800多家连锁店，2020年其时装配饰销售额达45亿美元（总销售额为220亿美元）。德国设计师吉尔·桑达（Jil Sander）与优衣库有过几次相当成功的合作——优衣库的全球销售额比塔吉特略胜一筹。

快时尚和私有品牌零售商称，其核心市场面向千禧一代，这一消费群体会把不同档次供应商提供的时尚单品进行混搭。这大概是对的，但要补充很重要的一点。女性消费者会穿一件飒拉的T恤，搭配香奈儿的手提包，但不会穿一身香奈儿，却背着飒拉的包。

亚马逊（Amazon）是最大的私有时尚品牌供应商，而且对现有高端品牌构成了很大威胁——尤其在2020年一些品牌受挫。亚马逊的故事会在后面一章讲到。

03

千禧一代的世界

千禧一代的影响力

没想到的是市场出现了结构性变化，千禧一代数量上升，平均占 30% 的市场规模。两三年的时间里，这个比例突然从 30% 上升到 50%，至少对古驰、圣罗兰和巴黎世家是这样。

——弗朗索瓦·皮诺特开云集团首席执行官

我们的许多顾客其实什么都买得起，但是一次难忘的体验对他们来说最有价值。

——丹妮娜·维塔莱（Daniella Vitale）巴尼斯纽约前首席运营官

"千禧一代"这个词源自美国人口学家威廉·斯特劳斯（William Strauss）和尼尔·豪（Neil Howe）2000 年出版的著作《千禧一代的崛起》（*Millennials Rising*）。书中的"千禧一代"指 20 世纪 80 年代初至 20 世纪 90 年代末出生的人。我笔下的"千禧一代"包括这一群体，以及 20 世纪 90 年代末至 21 世纪初出生的人。这两部分人群在行为、社会政治偏好以及技术和媒体使用方面极其相似，所以对时尚的反应也可以认为是趋同的。2015年左右，千禧一代成为美国和中国最大的消费群体。

千禧一代寻求社会经济地位的方式与其前辈不同。体验式购物对他们的作用就像高端时尚或艺术品对其前辈一样，可以提升身份地位。美国学者伊丽莎白·科里德-霍尔基特（Elizabeth Currid-Halkett）在其2017年出版的《微小的总和》（*The Sum of Small Things*）一书中写道，获得财务自由的千禧一代及受千禧一代影响的人群，讲究的是不招摇的时尚消费，他们穿有机纯棉衬衫和汤姆（TOMS）布鞋，雇保姆打理家务以腾出更多时间来陪家人参加文娱活动。科里德-霍尔基特拼凑出这样一个形象："住在高端社区，悠闲地逛着全食（Whole Foods）超市，背着为美国国家公共广播电台（NPR）捐款获得的托特包，从中探出一个卷起的瑜伽垫。"她笔下的千禧一代会到加拉帕戈斯群岛旅行，还会为孩子选择医疗保健品牌店、报私立学校、雇高考（SAT）辅导老师、进行常青藤名校入学咨询等。

千禧一代的时尚消费比例逐年上升。目前（截至2020年）高端时尚消费仍由X世代主导，即生于1965—1980年之间的消费者，此时他们四五十岁。千禧一代的价值观与许多奢侈品时尚的传统做法是冲突的。大多数千禧一代觉得时装秀、华丽的广告海报、季节性发布的时装系列、高定价、金碧辉煌的旗舰店和加价很高的百货商场并不时髦，或者无关紧要。千禧一代也不喜欢读报纸或其他纸媒。2007—2020年，千禧一代每天坚持读报的比例从60%降至19%。他们看电视的时间有一大部分都是为了看网飞

（Netflix）和其他流媒体视频。

千禧一代在 Instagram 和脸书上寻找时尚灵感，抖音海外版（Tiktok）也日益成为一个灵感来源地。中国视频软件 Tiktok 于 2017 年发布，用户可以在该软件上分享短视频。2020 年底，Tiktok 月活跃用户达 8.5 亿人。

Tiktok 的受众主要是年轻人，但大部分是 Z 世代。其创作者社区总监库兹·奇康布（Kudzi Chikumbu）称，Tiktok 已成为一个很重要的娱乐和社交环境，这里是"年轻人的乐土，也给时尚行业提供了一种展示品牌艺术和个性的新方式"。这个判断是否对奢侈品时尚长期成立仍有待观察，不过在 2020 年，许多 Tiktok 博主为路易·威登、普拉达、迪奥、巴黎世家和古驰拍摄了广告视频。法国品牌巴尔曼在塞纳河的一艘驳船上办了一场时装秀，通过 Tiktok 进行了线上直播。Tiktok 还举办了时尚月活动，集合各类线上时装系列、造型体验和限量版产品投放于一体。#MakeIt VOGUE（时髦起来）的标签在 Tiktok 上发起的第一个月就收获 2.9 亿评论。

千禧一代的时尚单品选择过程，通常从了解一家公司的价值观或从网红博主的推荐开始。千禧一代青睐兼具真实性和社区性的街头服饰品牌——通常是新的时尚品牌。他们信赖卡戴珊家族推荐的美妆和时装单品。他们把商场当成社交场所和拍照的场地，拍好的照片发社交媒体。他们来商场的大部分时间都用手机搜索打折商品。

千禧一代成长的世界里，高昂的大学学费、房租、医疗费用以及学生贷款成为挥之不去的阴影。对这个群体而言，消费比储蓄更重要。许多人长大成人后，不曾像其父母一样享受过相对丰裕的生活。还有很多人甚至放弃了买房，他们并不指望能早日退休。

有些人基本已经禁欲了，《经济学人》（*Economist*）杂志称，在美国 18—29 岁的年轻人，连续一年没有过性生活的比例高达 23%。这一数字在 2010—2019 年的时间里翻了一倍。虽然不能确定这与时尚偏好有怎样的关系，但可以从中看出千禧一代崇尚着一种不同的生活体验和价值观。

千禧一代不信任非常富有的人，有些情况下是因为觉得他们不配，大多数情况下是因为富人的过度消费。反过来推，就会得出这样一种结论：奢侈品时尚是过度消费的表现，所以不值得千禧一代喜爱。

千禧一代的消费方式和之前几代人迥然不同。大多数千禧一代更喜欢获得可以发在社交媒体上的体验，将其分享给朋友和家人，而不是囤积可以显示身份的物件。2015—2020 年年初，旅行、餐饮、音乐会、攀岩、体育比赛等体验式消费的增速比实物消费的增速快 3 倍。而在社交媒体上最高大上的打卡体验莫过于出国旅行。一只北极熊的场景既可以只拍熊，也可以自拍——人与熊拍下合照，甚至图克托亚图克（简称"图克"）小镇之外的北极熊脚印都可以成为拍照素材。尤其位于加拿大西北地区伊努维克区的图克小镇，也许有更好的拍照素材。路威酩轩集团董事长的二儿子亚历山大·阿尔诺说过："可能以前的人（千禧一代之前）

身上有了路易·威登品牌标志，就有了一个体现身份的象征——
'嘿，看我多厉害。我能买得起'。而如今，人们宁可把这些钱花
在巴厘岛，拍下和海豚在海中嬉游的合影。"

读过本章前面内容的一些读者，对于把千禧一代描述为重体
验、轻时尚的群体或许会提出质疑。产生这一异议的部分原因可
能在于，卡戴珊家族及其参加的多个综艺节目，把重点放在了时
尚及其所有物上。卡戴珊家族的做法也许会影响千禧一代的购买
行为，但是无法代表千禧一代这个群体。

千禧一代确实加快了时尚品牌成长的速度和新设计师一战成
名的速度。20 世纪 70 年代，如果一个前途无量的时装设计师要
为时装秀和杂志推广筹措资金，一般有几种方法可选。一种是通
过富人、风险投资公司或时尚公司寻求初期资金，在时尚杂志上
体现该品牌的名字，从而进行推广。如果新秀设计师举办的几场
秀都很成功，那么可以获得法国或意大利的高端时尚集团的投资，
比如马克·雅可布品牌曾获得路易·威登集团的投资。还有一些
设计师通过在大型时尚品牌供职而声名大噪，随后为自己的独立
品牌找到了投资——正如迈克·高仕从思琳离职时，获得了劳伦
斯·斯特罗尔（Lawrence Stroll）和曹其峰（Silas Chou）的支持
资金。

这些方法在千禧一代的时代基本上消失了。互联网（和
Instagram）的迅速发展，为新生设计师以低投资和线上推广的方
式成立自己的品牌提供了条件。时尚百货公司和多品牌时装店的
重要性有所下降，线上推广可以替代成本高昂的时尚杂志广告。

直接向消费者销售时尚单品是不是会损害品牌的独特性，这仍是一个问题。但当千禧一代表现出线上购买的意愿时，这个问题似乎不成问题，至少对高端品牌是如此。

高定品牌的服务对象仍包括一小部分千禧一代消费者。其中有些是名流；有些是中东和远东；有些则是仍保留家族时尚偏好的富家太太和千金小姐；剩下的是想"通过服装寻找体验"的千禧一代。

少数的千禧一代还将部分时尚预算花在了虚拟服装方面。只需提交自己的照片，就能购买一件量身定做的增强现实版（AR）虚拟服装。当数字图片生成后，可以将其发在 Instagram 或其他社交媒体平台上。拥有虚拟服装就意味着拥有了数字生成的线上形象，这样即使没有亲自现身，虚拟形象也可以出现在一个聚会或一场旅行中，其成本通常在几百美元。虚拟服装也很受网红博主的欢迎，他们想穿一身奢侈品服饰现身，但只想支付相当于实体服装的一小部分费用。2019 年，路易·威登的创意总监尼古拉·盖斯奇埃尔为网络游戏英雄联盟全球总决赛中的英雄角色——奇亚娜和赛娜设计了一个限量版虚拟服装系列。其中一些款式后来生产出来供真人穿戴，并在路易·威登门店销售。

在千禧一代的眼中，传统奢侈品品牌这一点可能是个减分项。传统时尚对于千禧一代而言并非永恒经典，时尚的轮回变得更短了。千禧一代认为新品牌很酷、很有创意，某种程度上正是因为它们是新的品牌。路易·威登、古驰、巴黎世家和普拉达都曾以平价运动鞋为突破口，让千禧一代广泛接受奢侈品品牌。

　　千禧一代是道德时尚的拥趸，他们声援动物保护、公平贸易、工作环境保证和可持续发展等。那么他们会为了这些主义而为时尚品牌买单吗？从快时尚品牌的热度不减来判断，现在能得出的答案是"并不多"。斯特拉·麦卡特尼（Stella McCartney）和其他几家品牌关注"道德"时尚，对斯特拉·麦卡特尼而言是她的个人价值观促使她做出这个选择，而非市场驱动。阿玛尼、古驰和普拉达稍微迎合了千禧一代的价值观，比如宣布其产品面料不含动物皮草。

　　2019 年，千禧一代的消费占奢侈品内衣销售额的 40%；到 2025 年，预计这一数据会增长到 60%。几十年里，维多利亚的秘密（Victoria's Secret）代表了数百万美国女性的内衣选择；2018 年，该品牌占北美内衣市场的份额达 33%——比例有所下降。据时尚评论家瓦妮莎·弗里德曼的描述，维多利亚的秘密"做的事情和休·海夫纳（Hugh Hefner）[1]差不多——把女性打造成精心包装的兔女郎"。维多利亚的秘密是千禧一代的文化与传统时尚营销碰撞的极端例子。该品牌的时装秀办了 23 年，曾在 100 多个国家进行电视转播，盛极一时。当维多利亚的秘密在法国办秀时，场地是香奈儿的御用秀场大皇宫。

　　2018 年 11 月，一年一度的维多利亚的秘密时装秀在纽约市西区的 94 号码头举办。吉吉·哈迪德（Gigi Hadid）、贝拉·哈迪

1　《花花公子》杂志创始人。

德（Bella Hadid）和肯达尔·詹娜（Kendall Jenner）等名模与维多利亚的秘密公司的"天使"模特们同台走秀，她们身背羽毛翅膀，穿着性感内衣和上托文胸。能选为"天使"基本上是对一名模特的国际认可，而且薪水很高。当时的首席营销官埃德·拉泽克（Ed Razek）告诉《纽约时报》，一场维多利亚的秘密时装秀加上长达一小时的电视特别节目，要花费 2000 万美元。

维多利亚的秘密时装秀在北美的收视率逐年下降。2001 年，其收视率为 1200 万，达到顶峰。2015 年，700 万人观看了维密秀。2017 年，这个数字降到了 500 万。2018 年维密秀结束后，哥伦比亚广播公司（CBS）取消了对维密秀的转播，维密秀由美国广播公司（ABC）接手。当年维密秀的收视率跌到了三百多万。2019 年 5 月，维多利亚的秘密宣布将不再通过电视转播一年一度的维密秀，而用互联网进行播放。

截至 2018 年维密秀举办时，维多利亚的秘密的销售额和利润已连续下降 10 个季度。几十年里，该品牌一直坚守办秀模式：模特身高要在 177 厘米以上，穿衣尺码在 S 码左右（对大多数时装秀来说，S 码还不够苗条）；胸部挺拔，传递出"卧室时尚"的气息。

千禧一代的女性针对维多利亚的秘密掀起了媒体抗议，并呼吁大家共同抵制维密。其中一位抗议者是阿什利·格雷厄姆（Ashley Graham），她有一个网站，上面登着她身背天使翅膀的一张精修图片，图片标签是"#thickthighssavelives（腿越粗越长寿）"。维多利亚的秘密的竞争对手——蕾哈娜的内衣品牌 Savage x Fenty、Third Love、Aerie、Adore Me 等品牌反其道而行之，宣传推广主打的是"包容性"，这意味着图片是原生态的，模特也来自不同种族、拥有各种尺码。

在时尚界看来，维多利亚的秘密这个品牌受到了自身品牌形象和历史的限制。时装秀、广告以及门店装潢围绕的重点是顾客，内衣的设计出发点也是为了给顾客留下深刻印象。如果维多利亚的秘密放弃这个策略的话，会面临失去其品牌独特性和许多老顾客等问题。随着千禧一代和其价值观大行其道，这成为每一个时尚品牌都要面临的问题。

2019 年年末，维多利亚的秘密的母公司 L Brands 集团董事长兼首席执行官莱斯利·韦克斯纳（Leslie Wexner）宣布离职，他是标准普尔 500 指数[1]上市公司中供职时间最久的首席执行官。2020 年年中，维密品牌称不再把性感作为品牌代名词，将从种族和尺码上提升模特的多样性。同时宣布关闭 250 家维密门店。2021 年年中，维密进一步调整品牌定位，告别"天使"走秀，并请 7 位著名女性做品牌顾问和品牌代言人，其中包括足球明星梅根·拉皮诺埃（Megan Rapinoe）、中国自由滑雪运动员谷爱凌和印度演员朴雅卡·乔普拉·乔纳斯（Priyanka Chopra Jonas）。她们还出现在维密的广告中，并通过 Instagram 参与品牌推广。

1　标准普尔500指数的英文简写为"S&P 500 Index"，是记录美国500家上市公司的股票指数。

可以说，千禧一代的兴趣和价值观改变世界，诸多事例中最让我感到新奇的并不是来自时尚界，而是奥林匹克运动会。2020年夏季的奥林匹克运动会——后延期至2021年——将滑板项目纳入奖牌争夺的竞技项目之列。滑板是一项大众活动，但是并不是一项人们广泛参与的运动。而且滑板和古希腊毫不相关，相反，这项运动的活动场地是21世纪的停车场和楼梯扶手。国际奥委会研究显示，千禧一代对滑板项目兴趣浓厚，会观看相关比赛。为了让广告商的宣传触及千禧一代，国际奥委会将滑板项目加入奥运会项目中。

这一做法可能事与愿违。媒体评论援引滑板运动员对此的看法，他们表示讨厌将滑板运动与奥林匹克运动带来的国家政治混淆在一起。相同情况的是，在1998年冬奥会纳入单板滑雪时，曾遭一些知名选手抵制。

2021年，国际奥委会还将冲浪和攀岩项目加入奥运会。2024年，巴黎夏季奥运会上还将加入霹雳舞项目。是的，就是那项大众参与、多家报道的运动——霹雳舞。

街头服饰革命

时尚已经换了天地。像马克·扎克伯格这样的权势之人穿的是牛仔裤，而身份地位低一些的人穿的是西装。

——保拉·安东内利（Paola Antonelli）纽约现代艺术博
物馆高级策展人

过去，街头服饰指的是 T 恤品牌和滑板运动服品牌；如今在时尚界，正统设计师将"不上档次"的设计师所设计的衣服含沙射影地称为街头服饰。

——克比·让 - 雷蒙德（Kerby Jean-Raymond）
时装设计师

街头服饰发源于 20 世纪八九十年代。起初是从滑板和嘻哈文化发展起来的一个小众市场，其核心产品是运动鞋、中性 T 恤和卫衣。2017 年，Supreme 和路易·威登发售联名款，实现了街头服饰和奢侈品的跨界合作。由于街头服饰的理念和奢侈品的理念及高定价截然不同，所以街头服饰与奢侈品时尚并存着实不易。

Supreme 等街头服饰品牌巧妙地避开了这个问题，产品设计和宣传推广，都突出强调了购买体验和文化内涵，避而不谈奢侈品的正统名望。

千禧一代及之后的新新人类在 Supreme 这类的品牌里找到了自己的意义。Supreme 品牌的名字取自萨克斯演奏家约翰·克特兰（John Coltrane）的专辑《至高无上的爱》（*A Love Supreme*）。Supreme 早期曾被誉为"街头服饰的香奈儿"，该品牌经营价格适中的中性服装、滑板相关文化用品以及为制造稀缺性的限量版产品。顾客在门店前大排长龙，不惜站上好几个小时，而转卖平台上不断有该品牌的产品上架，价格也已然抬高。Supreme 的产品总有一种讽刺趣味，比如设计师维吉尔·阿布洛在一条小黑裙上印上了"小黑裙"（Little Black Dress）的字样——下文还会详细讲到这位设计师。

2020 年年底，旗下已拥有范斯（Vans）、添柏岚（Timberland）和北面（The North Face）等 19 个品牌的威富公司（VF Corp），用 21 亿美元收购了 Supreme，考虑到 2020 年的经济对运动休闲和室外服饰的流行程度构成了冲击，这个收购价格具有一定合理性。威富公司随之面临的问题是，追求酷和真实的 Supreme 是否能适应集团化归属以及发布季度报表的模式。华尔街认为这不是什么问题，威富公司的股价在收购消息爆出后立刻上涨。

街头服饰已成为路易·威登等时尚品牌的一个增长品类，公司要求执行居家办公模式，人们对正式服装的需求降低。街头服饰为路易·威登和其他奢侈品公司触及千禧一代市场提供了一个窗口，也由此带来了丰厚的利润。巴黎世家也经营卫衣、T恤和运动鞋，其中最畅销的一个系列就是老爹鞋。

古驰是在千禧一代中拓宽市场的成功案例。在创意总监亚历山德罗·米歇尔（Alessandro Michele）的指导下，用该公司自己的话说，古驰已经摆脱强调身份的品牌定位，开始"认同流动性和部落一体性[1]"——我认为这正是类似千禧一代街头服饰的接受度。

街头服饰的呈现形式还包括"反时尚的时尚"单品，比如单车短裤、美国田园风连衣裙和腰包。这些品类可以加入奢侈品品牌的设计中吗？我在研究这个课题中，发现奢侈品的价值不仅在于其质量和稀缺性。对街头服饰而言，是千禧一代和媒体在做价值判断。

随着经济低迷进入常态化以及千禧一代的影响力继续扩大，一些街头服饰单品无疑会销声匿迹。而有些单品——当然包括运动鞋——仍将在奢侈品时尚中保有一席之地。一个问题是奢侈品时尚品牌如何在不依赖奢侈品标签的前提下，向千禧一代及其后辈们开展产品营销。

奢侈品品牌正在尝试新的标签。路易·威登曾于2018年6月在巴黎皇家宫殿花园举办了时装秀，这是新上任的男装设计总监维吉尔·阿布洛的处女秀。这场秀的标题是"我们就是世界"（We

---

1　部落一体性指因某一特质同属于一类人群。

Are the World），呼应 1985 年为支持埃塞俄比亚饥荒赈灾而举办的慈善晚会。走秀的模特除了以往面无表情的男模以外，阿布洛还邀请明星登台。后者的出场是为了给千禧一代留下深刻印象，同时吸引媒体报道。事实证明这两点都做到了。21 岁的美国说唱歌手花花公子·卡尔蒂（Playboi Carti）成为秀场焦点。其团队专门为他的出场发了一篇通稿。他乘坐劳斯莱斯幻影前往皇家宫殿花园，从后座下车，车上放的音乐是他发行的说唱专辑 Die Lit 中的歌曲。

助阵的走秀嘉宾来自多个种族，包括音乐家戴夫·海恩斯（Dev Hynes）、卡迪小子（Kid Cudi）、史蒂夫·拉西（Steve Lacy）、奥克塔维安（Octavian）和阿萨普·纳斯特（A$AP Nast），以及艺术家卢西恩·史密斯（Lucien Smith）和布隆代·麦考伊（Blondey McCoy）。这些嘉宾身穿纯色衬衫、白色皮衣和卫衣，佩戴鳄鱼皮配饰。这正反映出阿布洛"不同亚文化制服"的时尚理念。花花公子·卡尔蒂的路易·威登走秀款是一件银色庞乔斗篷、印有《绿野仙踪》里黄色砖头路的牛仔裤和黑色运动鞋。秀场的座上客有坎耶·韦斯特（Kanye West）和金·卡戴珊、贝拉·哈迪德、蕾哈娜和娜奥米·坎贝尔。现场音乐包括坎耶新专辑 ye 的说唱原声。鉴于路易·威登品牌的身份和历史，这场主打街头服饰的时装秀的新奇程度，堪比昆斯的蒙娜丽莎包发布会。这俨然成为时尚界正在改变的一个缩影：想象一下当花花公子·卡尔蒂、劳斯莱斯豪车、摇滚乐和走秀 T 台同时出现在一个公园，是什么样的场景。

2018 年 3 月，37 岁的阿布洛成为路易·威登男装艺术总监。他资历颇丰，既是坎耶·韦斯特的好友兼顾问，也是一名职业DJ，同时还是千禧一代酷风尚的时尚仲裁者。阿布洛有一半的加纳血统。他成为路易·威登 64 年历史上的首位非洲裔艺术总监。他在伊利诺伊州的罗克福德市长大，那里位于芝加哥市郊，因轻工业和装配工厂而出名。他的专业是工程学和建筑学，曾和坎耶·韦斯特一起在位于罗马的芬迪总部实习半年。当时两人每月的实习工资是 500 美元。2009 年前后，阿布洛出任坎耶的创意机构 Donda 的创意总监，负责管理舞台秀。2013 年，他在米兰创立了奢侈品街头服饰品牌 Off-White。这个品牌深受 Jay-Z、蕾哈娜和碧昂丝的青睐。

阿布洛曾与吉米·周（Jimmy Choo）、盟克睐进行跨品牌合作，此外还与宜家、太阳镜小屋（Sunglass Hut）和麦当劳合作过。他最著名的设计是为耐克设计的 10 款运动鞋。他的 Nike & Off - White 联名系列运动鞋售价高达 2500 美元。芝加哥当代艺术博物馆和卢浮宫都展出了他的设计。他在供职路易·威登之余，仍继续运营着 Off-White，该品牌已扩展出女包、女鞋和香水产品线；同时他还（以 Flat-White 的化名）为品牌活动担当 DJ，其中包括冲浪品牌 Jimmy'z 在摩纳哥蒙特卡洛、夜总会品牌 CircoLoco 在伊比萨岛等地的现场活动。这些履历更常见于街头服饰的设计师，却很少出现在奢侈品大牌的创意总监身上。

另一个千禧一代街头服饰的变种是奢侈品工装。比如，有一款夹克，起初是法国道路清洁工的制服，后来北美的建筑工人和环卫工人沿用了这个款式。该设计最初是衬衫加夹克，旨在模仿蓝领工人。工装在 21 世纪 10 年代末经过改良后进入时尚界，定位为一款推崇平等的服饰。如今在夜总会和时尚活动中也可以看到奢侈品工装的身影。维吉尔·阿布洛为路易·威登设计的第一个系列中就有一件连身工装，附带背带，定价 1200 美元。

2019 年 5 月，路威酩轩集团针对千禧一代再次做出一个惊人举动，对外确认将为一个叫作 Fenty 的新品牌承担经济责任。"Fenty" 是罗比恩·蕾哈娜·芬缇（Robyn Rihanna Fenty）的姓氏，作为一名女歌手，（当时）有 15 首单曲在公告牌百强单曲榜（Billboard 100）排行榜上夺得冠军，Instagram 粉丝 6900 万，但没有接受过正规的时尚培训。这是自 1987 年克里斯汀·拉克鲁瓦品牌创立之后，路威酩轩集团 32 年以来首次从零开始一手打造一个新品牌。行业里公认的经验是收购现成的品牌成本更低，风险也更小。蕾哈娜的系列只在线上销售，面向顾客直营，因为千禧一代 "不想为购物而等待"。Fenty 还会全年发售胶囊系列服装。蕾哈娜担纲设计的角色之后，并没有停止她的音乐和影视事业。她通过兼职的方式出任设计师，并成为设计团队的公众形象代言。

蕾哈娜是继亚裔设计师卡罗尔·林 [Carol Lim，与温贝托·梁（Humberto Leon）同为高田贤三品牌联合设计总监] 以来，路威酩轩集团旗下品牌首席设计中的第二位除白人外的设计师。蕾哈娜的任职进一步印证了名人效应和线上文化影响力在吸引千禧一代方面，至少和设计师与品牌声誉是同等重要的。当一个人既有很酷的个性，又与时尚有渊源，其影响力并不在尼古拉·盖斯奇埃尔等备受尊敬的设计师之下——业界认为盖斯奇埃尔是其同名品牌排名第二的继任者。

显而易见，阿布洛和蕾哈娜其实都不是路易·威登董事长贝尔纳·阿尔诺的首选。《纽约时报》报道称，阿布洛的主要推荐者是阿尔诺的女儿、路易·威登副总裁德尔菲娜，以及阿尔诺的儿子亚历山大——当时的路威酩轩集团旗下旅行箱公司日默瓦的负责人。这两位也极有可能是为蕾哈娜的 Fenty 品牌谋得支持的推手。

这背后在起作用的正是哈佛商学院教授克莱顿·克里斯坦森（Clayton Christensen）所说的"创新者的窘境"，他提出，成功的企业常常在采用新的商业模式时受到挫败，因为它们对现有业务投入过多。路易·威登似乎愿意冒险自我颠覆，也不想看着哪家更有创造性、更酷的品牌先把这事做成。

路易·威登请阿布洛和蕾哈娜加盟，其实有一个明显的潜在弊端。路易·威登和其他同业竞争的奢侈品品牌都有历史传统，具有永恒经典性，设计也雅致，这些都是它们的立身基础。"新"这个词是绝不会用的，而千禧一代觉得"传统"这个词不是很酷。随着路易·威登慢慢从传统转型街头时尚，从"不酷"转型到"酷"，该品牌面临着传统内涵模糊化的风险。其股价也岌岌可危。街头奢侈品时尚的兴起意味着价格和档次双双降低。

在街头服饰中，光彩夺目的皮夹克已作为正当的白日商业服饰，现身于美国政府国会山的听证会上。通用的首席执行官玛丽·芭拉（Mary Barra）于 2018 年 12 月在汽车厂关停听证会做证时，穿了一件圣罗兰的拉链皮衣。其设计和电影《飞车党》(*The Wild One*) 中马龙·白兰度（Marlon Brando）穿的那件还不太一样，但考虑到穿的场合是很有创意的。如今，夹克也许已成为这位女高管的标志性服装，正如技术高管的卫衣一样。IBM 公司前首席执行官金尼·罗密提（Ginni Rometty）和纳斯达克首席执行官阿德纳·弗里德曼（Adena Friedman）都曾在公众场合穿过类似的皮衣。

网络红人和 Instagram

　　今天这个世界里，比起隐私，我们更想要的就是没有隐私，被人知道、被人庆祝、被人评判、被人关注，人想成为品牌而品牌想成为人，一切都在变得更加陌生。无怪乎网络红人异军突起。

　　　　　　　　　　——汤姆·古德温（Tom Goodwin）真力时高管

　　人们买的不是产品和服务，而是关系、故事和魔力。

　　　　　　　　　　　　——赛斯·高汀（Seth Godin）美国作家

　　要了解网络红人和 Instagram，就要讲讲凯莉·詹娜（Kylie Jenner）。她是超模肯达尔·詹娜的胞妹，也是金·卡戴珊和科勒·卡戴珊（Khloé Kardashian）同母异父的妹妹。她是克丽丝·詹娜（Kris Jenner）与凯特琳·詹娜（Caitlyn Jenner）最小的女儿，后者在变性之前是著名的奥林匹克十项全能运动员布鲁斯·詹纳（Bruce Jenner）。她十岁时首次登上家庭电视真人秀节目《与卡戴珊姐妹同行》，该节目在 160 个国家播出。凯莉已经成为卡戴珊家族中最成功的企业家。

《与卡戴珊姐妹同行》真人秀是通过良性循环培养网络红人的一个典型例子。到 2020 年，该节目已播出 13 年。

凯莉是《福布斯》和彭博社 2018 年"美国白手起家女性富豪榜"上最年轻的人。据报道，她在 21 岁时就已身价 10 亿美元，使她成为有史以来最年轻的白手起家的亿万富翁，在男性与女性中均是如此。之前位列榜首的是 23 岁的脸书创始人马克·扎克伯格。彭博社之所以将她划入"白手起家"富豪榜单，是因为她的财富不是通过婚姻、死亡或遗赠继承的。（2020 年，《福布斯》称凯莉的财富值其实是有水分的，她算不上亿万富翁——这一区别对杂志的排名标准影响很大。）

凯莉的大部分财富是凭借她作为一个网红赚来的——她的主战地是 Instagram，主要内容是宣传她自己的品牌和其他品牌。通过这档电视节目，凯莉和其家人的生活开始透明化，通过推送图文讲节目中自己使用的产品，他们已成为真正的时尚和化妆品网红。据报道，她代言时尚和运动鞋品牌的报价如下："直接口播"类的推广费用是每条推送 6 万美元，需要时间充分准备的制作推广费用是每条推送 25 万美元。她在 Instagram 和色拉布（Snapchat）上共有 1.3 亿粉丝，而推特粉丝有 2700 万人。其总和相当于康泰纳仕期刊出版集团所有美国出版物（包括 *VOGUE*）的读者，而美国所有日报的总发行量约为 3000 万份。

凯莉的大部分网络推送信息都是为她自己的化妆品公司凯莉

美妆（Kylie Cosmetics）做的推广，该公司于 2015 年成立，经营口红和唇线笔。她成功的秘诀似乎是她的性格，而不在于产品的成分有多么神奇。获得许可的厂家可以生产该品牌的化妆品，除此以外的公司则负责处理订单和发货。2018 年，凯莉美妆的公司销售额达到 3.5 亿美元，仅凭其 7 名全职员工便取得这样的成绩。（她拥有 90% 的公司所有权，其余 10% 由其母亲克丽丝持有。）

2019 年 11 月，凯莉以 6 亿美元的价格将凯莉美妆 51% 的股份出售给科蒂公司（Coty, Inc.），运营四年的凯莉美妆品牌估值为 12 亿美元。科蒂公司面向的是年龄更高一些的人群，旗下传统品牌包括封面女郎（Cover Girl）和蜜丝佛陀（Max Factor），以及来自卡尔文·克莱恩、巴黎世家、古驰、马克·雅可布和缪缪（Miu Miu）授权经营的化妆品。分析师表示，科蒂公司希望通过此次收购扩大其在千禧一代中的美妆业务。凯莉·詹娜将继续作为品牌的公众形象代言发挥作用。

她同母异父的姐姐科勒曾经在自己的活动中采用了一种独特的网红宣传。2018 年 3 月的一个周六，科勒在洛杉矶的贝莱尔酒店为自己举办了一场新生儿送礼会。明迪·韦斯（Mindy Weiss）作为洛杉矶费用最高的派对策划人，担纲这场派对的策划。受邀嘉宾包括明星和超模。亚马逊资助了此次活动，并向这位准妈妈支付了高额"出场费"，据传有 15 万美元之多。科勒通过 Instagram 向其 7700 万粉丝分享了这一盛事，话题标签还为亚马逊宝宝计划（Amazon Baby Registry）提供了品牌知名度。

像凯莉和科勒这样的超模，她们的个人生活非常神秘，人们猜想那种生活应该很令人着迷，但具体什么样却鲜为人知。如今，模特或网红的生活本身就是作品的一部分。时尚公司需要靠模特和网红在社交媒体上进行活动推广以增加曝光率，各大品牌则物色那些腔调相符的模特和网红并与之合作。

成千上万名非著名网红无一不选择公开自己的生活，并利用这种真实感提供穿搭建议，并推荐购物店家。相对于传统零售商，人们很容易相信网红的观点和品位，尤其是当零售商与竞争对手售卖的品牌雷同，风格或主打卖点大同小异的情况下。

网红营销反映了千禧一代和 Z 世代在偏好上的转变。这些人群想要的是来自像自己一样、看起来真实可信的人的意见，而不是听杂志编辑或时尚公司告诉他们应该喜欢什么。对网红而言，他们面临的挑战是如何推广多个品牌而又不失其真实性。有些网红则选择一步到位，推出自家品牌，或者像零售商一样直接向品牌批发进货，再通过差价赚钱。这样也是可以的，只要确保选品真实可靠。

在奢侈品时尚界，杂志一直是打造时尚品牌最重要的媒介。但互联网改变了这一切。从 2013 年开始，少数时尚品牌选择在网上直接向消费者展示品牌信息。这种方式成本更低，而且看起来更真实。大多数奢侈品品牌和高端品牌仍然在平面媒体上保留宣传版面，但逐渐将预算重点转向企业的互联网广告和网红合约。

随着社交媒体对时尚的重要性与日俱增，时尚杂志的读者群开始萎缩。2017 年，时尚行业在互联网推广和网红合作方面的支出——约 19 亿美元——首次超过平面广告支出。2020 年之前，时尚界互联网推广和网红费用支出预估在 70—80 亿美元之间，费用涵盖社交媒体推文赞助、出场费等合作方式。这个数字是平面媒体时尚广告支出的 5 倍。2020 年，受经济低迷影响，实际的网红支出费用约为平面媒体的 8 倍。

受众对社交媒体网红和产品代言人有着不同看法。后者是由明星亲自露面或出现在广告中，明里暗里地为一种产品代言。2017 年，美国皮具制造商蔻驰选择 24 岁的歌手、演员赛琳娜·戈麦斯（Selena Gomez）为品牌代言，据报道，此次合约费用高达 1000 万美元。赛琳娜在社交媒体上以网红的身份出现，在平面媒体上则以代言人的身份出现。Instagram 的推送消息中，她背着蔻驰手袋和服饰现身明星活动，此时她是一个为粉丝保证选品真实性的网红。而在杂志广告中，她穿着同款服装，背着同款包袋，化身成一名明星代言人，如品牌所愿彰显蔻驰的产品风尚。蔻驰认为，她的网红角色更重要。

大多数人都明白，明星代言产品是因为得到了报酬，这一点直接影响了他们对于广告的看法。有时明星获得的报酬很高，据报道，乔治·克鲁尼（George Clooney）通过为 2017 年之前的浓遇（Nespresso）品牌咖啡广告代言获得了 6000 万美元的报酬。网红则不同。消费者认为赛琳娜·戈麦斯或凯莉·詹娜在网上展示的东西是她们自己非常了解的产品——而且她们一定信赖这些产品，否则不会推荐。发布这些推送消息同样是有偿的，但这并不重要。粉丝知道网红靠出场带货赚钱。在美国，网红必须在社交媒体的推送消息中表现出带货这一点，而这对于粉丝来说似乎都没关系。

对时尚网红博主来说，Instagram 是最重要的线上平台，已经取代时尚杂志成为千禧一代发现时尚最新潮流的方式。2020 年，Instagram 在全球拥有 15 亿注册用户，其中 6 亿用户每月至少登录 1 次，是全球第三大社交网络。脸书（Instagram 是脸书公司旗下应用）2020 年的用户数是 24 亿。中国微信的用户达 10 亿以上。Instagram 在美国用户中覆盖了 75% 的 18—24 岁人群，50% 的 25—29 岁人群，40% 的 30—49 岁人群，以及 18% 的 50 岁以上人群。用户在 Instagram 上活跃的平均时长表现甚佳：18—25 岁的用户每天平均活跃 30 分钟，25—40 岁用户每天平均活跃 23 分钟。对于一个试图建立个性风格的时尚品牌来说，长时间的观看很关键。

Instagram 具有个性化特点，粉丝可以关注自己喜欢的设计师。Instagram 还设计了方便粉丝购物的功能。一个功能是"点击查看"标签，可以让用户更好地了解每个时装品牌的信息。另一个功能是"对话机器人"，能解答关于各时装系列的问题。2019 年 3 月，Instagram 推出了应用内结账功能，用户可直接购买产品，无须跳转到品牌网站。Instagram 还有一个"照片墙故事"（Instagram Stories），截至 2020 年年中，该功能已拥有 2.9 亿粉丝。路易·威登、迪奥、路铂廷（Christian Louboutin）等品牌在 Instagram Stories 所做的展示，在用户看来比这些品牌在公司网站上展示的同样材料更可信。

Instagram 网红博主的合作成本已大幅上升。在该应用发展早期，为网红提供免费时装就够了，最多偶尔为品牌赞助活动提供免费旅行。拥有大量粉丝的网红现在对合约费用的要求甚至与明星代言不相上下。经粗略估计，一个网红每发一篇帖子，在每100 000 名粉丝中平均能赚 1000 美元。而网红咖位的大小、网红是否与品牌方签署了"不为竞争对手发布作品"的长期合同、品牌方是否可以在其他平台上转发网红作品……在不同因素的影响下，费用会有相应的浮动。

品牌通常向网红支付的费用都会虚高，因为品牌方或品牌代理商仅凭粉丝数量付费，而没有考虑投入程度。这促使网红们纷纷在网上"买粉"，这一招轻而易举，因此大行其道。特雷·拉特克利夫（Trey Ratcliff）2019 年出版的著作《网红经济之下——如何在 Instagram 上造假致富》（*Under the Influence – How to Fake Your Way into Getting Rich on Instagram*）中，详细描述了他如何低价买到 10 万粉丝的事。而仍有几家营销机构与他寻求合作，并没有质疑他获得粉丝的方法。对于许多或大多数新生代时尚网红来说，他们的粉丝有一半是假粉，这已成为时尚界的一条共识。

比粉丝量更好的衡量标准是"参与度"，即受众对网红的反应。有百分之多少的粉丝看了这个视频？看过视频的人又有多少人留下了评论？每次互动都意味着有受众参与其中，而不是匆匆浏览而已。这其中也有妙招——"参与豆荚"（engagement pods），是指一群网红博主达成一致，对彼此发布的推文互相发表评论，以增加参与次数。

而最好的衡量标准是"转化率"——就像 Instagram 的应用内

结账功能一样，这个标准有时比看起来更容易衡量。当品牌签约网红上产品链接时，该时尚品牌会估算在点击量中，购买量占多大比例，以及订单的平均价值。跟踪销售转化率的另一种方法是让网红使用折扣码，供消费者在结账时使用。

美国的网红更注重销售，他们希望粉丝能立即购买产品。而在欧洲和亚洲，网红不太关注即刻购买，相反，他们希望粉丝未来会采用不同的行为模式和购买方式。这需要利用一种转化率以外的评估形式。

大概从 2019 年起，一些美国时尚网红开始建立"付费墙"（paywalls），借此向其在 Instagram 或微信平台上的粉丝收取独家内容的费用——通常每月几美元。如果订阅独家内容的粉丝达到几千甚至上万，便会积沙成塔，那么营销内容的重点就转向质量更高、更加深入观察网红的个人生活。设有付费墙的网红对时尚品牌尤其具有吸引力，因为受众会由对网红的喜好而衍生出对其选品的信赖。

拥有 10 000—50 000 名粉丝的小网红虽粉丝数少一些，但忠诚度更高。这些小网红从过去属于知名博主的营销预算中分得一杯羹——就像知名博主曾经动了平面媒体的奶酪一样。许多时尚品牌认为，与其花同样的钱买詹娜或卡戴珊的一篇推送内容，还不如通过几百个小网红宣传产生的价值大。大多数小网红转化率低，但有助于建立品牌知名度。少数转化率高的小网红，通常是那种去咖啡馆约会之前"把压箱底的衣服翻出来"，一搭配，还美得很惊艳。在很多情况下，赞助品牌会提前搭配好这些造型，这也是筹备时装秀的一种方式。

一些小网红试图通过为奢侈品品牌发布营销内容，借品牌知名度蹭热度，既没有获得品牌许可，也没有得到任何报酬。他们也不需要征得品牌同意，关键是他们为了制作出一流的视频内容，需要花钱买奢侈品服饰和配饰。（如果你在当地多少算得上知名网红，有时奢侈品店会把产品借给你用。）

Instagram 的推送或博文费用中包含内容制作成本。即便营造出"在舒适的卧室里拍摄"的内容，通常也并不像看起来那样。《纽约时报》的一篇文章曾报道，曼哈顿 SoHo 商业区有一套 200 多平方米的顶楼公寓，公寓里摆着一张粉红色沙发，厨房里有落地式葡萄酒柜，书房里摆满了封面颜值很高的书籍，还配有屋顶露台。这个公寓和洛杉矶、旧金山的类似宅邸一样，都是日租，专门用来为网红提供拍摄场地。SoHo 商业区的这个公寓一天租金是 800 美元，想租的话要排几个星期的队。

Instagram 上有些网红很年轻。2018 年，在洛杉矶生活的双胞胎姐妹泰图姆（Taytum）和奥克利（Oakley）两岁了。她们的父母，麦迪逊·费希尔（Madison Fisher）和凯勒·费希尔（Kyler Fisher），一个是肥皂剧演员，一个是博主。这对双胞胎在网上有 220 万粉丝，推广的产品是童装和玩具，每条推送内容收费 15 000 美元。

另一个案例是虚拟网红努努（Noonoouri）。人设是年龄 18 岁，住在巴黎，为圣罗兰、范思哲和古驰代言的时尚、生活和文化博主。在努努发布的一个视频中，她与 *VOGUE* 法国版前创意总监卡琳·洛菲德（Carine Roitfeld）共进早餐。在 Instagram 上她有 13 万粉丝。而她的外貌由计算机生成，俨然是一个"漫画卡通人物"。

还有巴西裔美国人米克拉·索萨（Miquela Sousa），人称"莉尔·米克拉"（Miquela），她的首张单曲《不是我的》（*Not Mine*）已上线 Spotify 音乐平台。她活跃于"黑人的命也是命"（Black Lives Matter）运动，在 Instagram 上有 100 万粉丝。她是普罗恩萨·施罗、巴尔曼和普拉达时尚公司的合约网红。米克拉也是电脑生成的形象。粉丝和品牌方似乎并不在意米克拉和努努不是真人。二者形象的创建者（男性）发布推送的报价之高，与拥有相同粉丝数的真人网红不相上下。

欧美几大广告公司——包括阳狮集团（Publicis）、威廉·莫里斯奋进娱乐公司（William Morris Endeavor）和奥姆尼康集团（Omnicom）——已不情不愿地开始为网红提供包括准备脚本和开展营销活动在内的线上"全程服务"。之所以不情愿，是因为网红蚕食了它们的核心业务——媒体广告。其中代理服务之一是利用人工智能技术实现品牌方和网红之间的合作关系匹配，以及对活动效果进行评估。

自 2017 年年中之后的一年里，世界上最具有影响力的女性时尚达人梅根·马克尔（Meghan Markle）并不在 Instagram 上，她穿四码的衣服，没有报酬。现在她已经注销了所有的社交媒体账户。自梅根·马克尔于 2017 年与英国哈里王子订婚后的几个月内，以及 2018 年两人大婚后穿的每一套服饰，都出现在时尚媒体上并随之销售一空。作为一位昔日的电视剧演员，她穿哪位时装设计师设计的服装，就可以提高该品牌的声誉。在订婚照中，这位未来的苏塞克斯公爵夫人穿着一件拉尔夫·鲁索（Ralph & Russo）品牌的礼服，即便在这件礼服 68 000 美元的售价被披露之后，仍然引起了空前的关注度。为此该公司在第二年推出了一个价格低很多的成衣系列。

梅根的影响力对知名度不高的品牌最为重要。她订婚后穿的一件加拿大品牌 Line the Label 的白色裹襟式大衣，不仅销售一空，而且巨大的访问量还导致该公司官网一度崩溃。2019 年 7 月 10 日，她和儿子阿尔奇·哈里森·蒙巴顿-温莎（Archie Harrison mount batten-Windsor）首次公开露面时，两个月大的婴儿裹在毯子里，媒体认出是印度某品牌的毯子。随后这款毯子在该公司的网站上很快脱销，页面显示"感谢您的访问，目前网站访问量过大请谅解"。

据《女装日报》（Women's Wear Daily）报道，从订婚到结婚，梅根·马克尔在重大场合穿的一套服装的品牌价值高达数百万英镑——该数据包括三大部分，分别是媒体曝光率、社交媒体印象和实际销售额。2020 年，梅根几乎每天穿的服饰都来自不同设计师，她先是搬到加拿大的温哥华岛，后以"私人公民"的身份搬到洛杉矶。于是这套衣服的品牌价值也急剧下降。

名人本身并不能转型为时尚网红。2020 年 11 月，卡玛拉·哈里斯（Kamala Harris）作为美国当选副总统出现在美国电视观众面前。她是媒体的宠儿，美国第一位女性副总统（也是第一位非白人、拥有南亚裔血统的女性副总统）。她为这个场合选了一套卡罗琳娜·海莱拉品牌的象牙白套装。2021 年 2 月，她穿着一件唐娜·德尔（Donald Deal）品牌的夹克登上 *VOGUE*，这件夹克是她私人所有，而不是专为拍摄提供的。媒体报道和网站上标明了服装品牌。但无论是卡罗琳娜·海莱拉和唐娜·德尔的线上流量，还是两个品牌的消费需求，都没有太大变化。

2021 年 1 月，哈里斯的继女、21 岁的艾拉·埃姆霍夫（Ella Emhoff）因其服装造型在总统的就职典礼上出尽风头。几个月后，艾拉在纽约时装周的普罗恩萨·施罗品牌秀场完成处女走秀，后来又登上了欧洲时尚杂志 *DUST* 的封面。或许对梅根和艾拉来说，名人效应加上酷风尚才能奏效。而仅凭名人效应加政治权力，并不那么容易将其转化为时尚影响力。

一些名人网红因为在经济低迷期间的行为和言论，已失去了时髦感和影响力。金·卡戴珊带着一群朋友乘船去私人岛屿上为她庆生。粉丝嘲笑这些网红，因为粉丝们寻求的是共鸣，希望同在居家的名人明星能理解并共担这份来自财务状况和心理上的痛苦。

最后，还有一类负面网红，在 2020 年之前就已经在对产品制造"尖角效应"（horn effect）[1]，这与光环效应（halo effect）相反。

1　尖角"horn"指的是魔鬼头上的角，代表邪恶。而光环"halo"则是天使头上的光圈，代表美好。尖角效应指的是一个人在某次事件中给主管人员留下了坏印象，从而导致主管人员对其在其他方面的表现也吹毛求疵。

一个有趣的例子是妮可·波利兹（Nicole Polizzi），她是真人秀节目《泽西海岸》（*Jersgy Shore*）的演员，身高 1.45 米，被她的粉丝们称为史努基（Snooki）。小报称她为"世界上穿搭最糟的名人"，孩子的母亲不会希望女儿效仿她，时装公司也不会请她做代言。

西蒙·杜南（Simon Doonan）在《纽约观察家报》（*New York Observer*）上发表了一篇文章"史努基是如何拿到古驰包的"，介绍了她如何通过"先发制人植入产品"来产生尖角效应。史努基背着蔻驰手袋现身之后，奢侈品品牌开始免费送她竞争对手品牌的手袋。古驰的一个竞争对手提供了一只古驰包，史努基在小报镜头中多次凸显了这个包。在一阵恐慌之后，古驰的高管们得出结论，该品牌已安然无虞，史努基的粉丝不大可能会购买古驰的产品。

酷风尚与引爆点

　　"酷风尚"是"现代社会的最高价值，它塑造着消费、政治和家庭教育"。

　　　　　　　　——瓦妮莎·布朗（Vanessa Brown）文化研究者

　　"引爆点"就是当一个想法、趋势或社会行为越过临界值，爆炸并像野火一样蔓延的神奇时刻。

　　　　　　　　——马尔科姆·格拉德威尔（Malcolm Gladwell）作家

　　美国 *VOGUE* 2018 年 9 月版共有 646 页，其中 420 页都是广告，绝佳版面的全页收费在 12 万美元以上，而时装广告占据了 300 页，其余是珠宝、腕表和化妆品广告。

　　在 300 页的时装广告中，有 200 页版面上只有一个或多个模特或名人的时装大片以及时尚品牌的标志。这些都是针对传统的时装买家。目的是保持品牌知名度，并重新释放属于该品牌的酷风尚。对于那些了解时尚的人来说，只看一张图片和品牌名称或标志就足够了。《名利场》等更倾向于大众发行的杂志或线上杂志上的广告，面向的是新的订阅者以及偶尔出现的奢侈品时尚顾客。

那么什么是"酷"呢？这不好下定义，但有很多例子可以用来说明"酷"。时尚媒体用"酷"这个词来描述时装秀和一些时装设计。时装设计师从来不用这个词，但他们明白"酷"在传统广告中对于传统卖家是很重要的，在针对千禧一代消费者的媒体中则更为重要。2014 年，美国国家肖像画廊（National Portrait Gallery）筹备了一个名为"美国酷风尚"（American Cool）的展览，策展人对这个术语的定义是"天真或美德的对立面……一个人既要有魅力非凡的一面，也要有黑暗的一面，才能称得上酷"。展览中举出的例子有演员詹姆斯·迪恩（James Dean）、摇滚吉他手吉米·亨德里克斯（Jimi Hendrix）、作家琼·狄迪恩（Joan Didion）。

"酷"这个概念起源于波希米亚亚文化[1]，以及 20 世纪 20 年代的美国黑人爵士乐。乔尔·迪纳斯坦（Joel Dinerstein）在他的著作《酷的起源》（*The Origins of Cool in Postwar America*）中解释，"酷"是黑人表演者用来应对所遭遇的种族歧视的一种方法。"要酷"意味着表现冷淡，加上原创性甚至极端的时尚元素，比如在室内戴太阳镜。酷是一种抵御脆弱、保护自己的方式。

一位朋友曾用这样一个类比形容 21 世纪："酷时尚"之于传统，就像美国爵士乐小号手迈尔斯·戴维斯（Miles Davis）的 40

---

[1]　波希米亚亚文化是指热情豪放的波希米亚人和颓废派的文化人之中具有游牧民族特色的亚文化。

年表演生涯之于传统爵士乐和 20 世纪音乐。这一比较是我的朋友在观看一部 2019 年的纪录片《迈尔斯·戴维斯：酷派始祖》（*Miles Davis: Birth of the Cool*）之后得出的，该片讲述了迈尔斯·戴维斯的生活和爵士生涯。

"酷"会随着时间推移而改变，还会因人而异。"酷"可能只投射到一小部分的受众身上。迈克尔·乔丹的耐克篮球鞋，将"像迈克一样"作为宣传口号，可能对 12—19 岁的男生来说很酷，对这些人以外的男性就不那么酷了。

奢侈品时尚中的"酷"和时尚档次较低中的"酷"有着不同的含义。低端的"酷"不看时尚杂志，对于街头服饰来说，传递的是打破规则，拒绝时尚权威的态度——印证了"天真的对立面"这层内涵。在奢侈品时尚层面，"酷"是顾客想要效仿的。当维维安·韦斯特伍德（Vivienne Westwood）凭借其无可否认的"酷风尚"设计师资历，将破洞、安全别针带上 T 台，于是它们自然而然地被认为很酷。一年后，平价品牌——还不是奢侈品品牌，开始以独特的裂口破洞和别针作为设计特色。由此看来，韦斯特伍德已然在开辟着新的酷风尚。

"酷"必须是真实的、纯正的，因此代言时尚品牌的人必须反映该品牌的价值观。当名人看起来很酷时，我们会根据对他们的了解，结合他们是否参与了不妥的产品推广进行判断，来寻找线索，验证这种酷有多少真实性。最有说服力的酷都不是刻意而为之的。想想蕾哈娜、维吉尔·阿布洛、格温妮丝·帕特洛（Gwyneth Paltrow）或斯特拉·麦卡特尼。

时尚评论家有时会使用意大利语"sprezzatura",意思是"故作轻松"。Sprezzatura 也指产品的设计。最酷的设计都不着痕迹地源自品牌传统。时尚观察家第一次看到杰夫·昆斯 - 达·芬奇系列包袋时,都会想到一个问题:"这是否反映了我们所了解的路易·威登的核心价值观?"

名人和电影明星代言人的收费很高,通常要求签订一季或更长时间的合约。所以 VOGUE 和其他时尚杂志上的大多数广告请的都是不太知名的模特,这些模特拿的是一次性报酬。时尚品牌的标志、模特慵懒的表情和服装的极端设计都暗示出酷的意味。

有时,时装广告中的模特不太可能被认出来,但由于与品牌产生了联系,人们会认为他们很有名、很酷。在 2017 年 8 月这一期的《名利场》中,有一幅双页广告展示了佩德罗·阿莫多瓦(Pedro Almodóvar)拎着一款普拉达皮包的形象,只出现了他的照片和"PRADA"这个词,没有文案,也没有任何背景故事提示。阿莫多瓦是一名西班牙电影导演,因 2014 年上线的电影《我超兴奋》而闻名。2000 年,他凭借《关于我的母亲》获得奥斯卡最佳外语片奖,2006 年凭借《回归》获得戛纳电影节最佳编剧奖。阿莫多瓦在欧洲的知名度高于北美。他的形象无论在欧洲还是北美都不太可能得到广泛认可。

从广告的情境可以明显看出,他一定是艺术界的重要人物。通过联想,如果这样的人代言普拉达,那么普拉达也许就会变得很酷,以后逛街时应该去逛逛。这是一个奇妙的循环,广告暗示了阿莫多瓦的名人地位,因为与普拉达有关联,进而暗示出普拉达这个品牌更酷，因为它与名人有关联。

路易·威登的一位发言人表示，读者应该从这则广告中接收到的信息是，有头有脸的人物在"私人旅行"时会带上 LV 包。这个动机足以让你在下次购物时选择路易·威登吗？这个广告就是名人"酷风尚"加持品牌联想的一个创意案例。与大多数的名人广告相比，它冒着一定风险，即将观众的注意力集中在名人身上，而将奢侈品作为一种几乎注意不到的配饰。

有时，品牌广告中提及已故名人就能传递出"酷"，即使这位名人并没有使用过其产品。意大利鞋履和配饰品牌托德斯高级定制系列（JP Tod）的广告已多年贯彻这一做法。其广告没有一个是与 JP Tod 及该时尚公司有关的。公司创始人迪亚戈·德拉·瓦莱（Diego Della Valle）于 1979 年创立了这个品牌，并为该品牌的休闲鞋增添了盎格鲁 - 撒克逊式的酷感[1]。该品牌的宣传广告以加里·格兰特、肯尼迪夫妇以及奥黛丽·赫本的黑白照片为特色。每个广告的底部都有一双托德斯休闲鞋，暗示这些名人可能穿过这种鞋。广告并没有宣称这些人曾同意代言托德斯的广告，事实上他们并没有。但这种出现在同一个广告页面上的关联暗示就已经足够了。

时尚品牌还与自带酷感的欧洲足球运动员合作建立品牌声望。维吉尔·阿布洛曾邀请阿森纳足球俱乐部（和西班牙国家队）的

1　盎格鲁-撒克逊人具有严谨、雄壮有力、坚忍不拔的特点。

足球运动员赫克托尔·贝莱林（Hector Bellerín）参加 2020 年路易·威登春夏时装秀，华伦天奴曾与里昂足球俱乐部的运动员孟菲斯·德佩（Memphis Depay，也是知名说唱歌手）搭档，博柏利曾与曼联前锋马库斯·拉什福德（Marcus Rashford）合作。罗意威则招募了美国足球女将梅根·拉皮诺埃。

"酷"并不一定意味着你会立即购买或穿戴该品牌的产品，而是说穿该品牌的人很酷。当你在购物时，"酷"是一个动机。阿迪达斯椰子鞋的售价自从与坎耶·韦斯特合作后，价格涨到同类鞋款的两到三倍。坎耶·韦斯特、乔治·克鲁尼、詹妮弗·洛佩兹（Jennifer Lopez）或马修·麦康纳代言的时尚品牌获得了一种酷的气质，因为穿这些品牌的人很酷。

当你最喜欢的演员穿着时尚品牌出席奥斯卡颁奖晚会，并在典礼前的红毯上接受采访被认出该品牌的时候，这也是一种特别酷的代言。你知道服装是免费提供的，或者演员是有报酬的，但多家品牌都提供了这一服务，所以被选中的那家便带有光环。

阿迈勒·克鲁尼（Amal Clooney）无论穿什么时装品牌都很酷。在嫁给乔治·克鲁尼之前，她就很漂亮，事业也很成功，但在公众面前并不酷。她之所以变得很酷，是因为她的丈夫原本可以择任何女人而娶之，却只取她这一瓢。随着她变酷，便收到了各家的高定时装。

然后是政客的配偶。法国第一夫人布丽吉特·马克龙（Brigitte Macron）经常穿路易·威登和克里斯汀·迪奥。时尚公司为报纸和杂志提供活动照片。媒体通常会在标题或文章中标明时尚品牌。布丽吉特的丈夫、法国总统马克龙则穿亚历山大·福提（Alexandre Vauthier）品牌与她出双入对。他是一位受欢迎的政治家（至少在写本书时），但不知道为什么，他既不时尚也不酷。

有些时尚丑到极致就酷了起来。勃肯（Birkenstock）品牌的极致版洞洞鞋采用粉色加黄色的霓虹配色，配有10厘米高的厚底。人们对这款鞋的需求非常大，都惊动了BBC报道其高销量，还对顾客进行采访。之后思琳品牌也生产了洞洞鞋，但卖得并不好——也许是因为作为仿制品，并不酷。

要发起一场时尚运动或引发一场新风尚的购买热潮，时尚达人本身要酷是很重要的，但这还不够，有时必须有其他东西加持。一个"引爆点"——这也是我在本书中一直使用的术语。马尔科姆·格拉德威尔在他2000年的同名畅销书中介绍了这一观点。引爆点的概念适用于病毒、犯罪等，也适用于时尚潮流。

许多"引爆点"是人们众所周知的。马龙·白兰度在1953年电影《飞车党》（The Wild One）中的形象，使得T恤在许多场合成为可以接受的服装。肯尼迪总统在1961年参加各种活动时都不戴帽子，无论是在正式还是非正式场合，引领一代美国男性将帽子视为明日黄花。米歇尔·奥巴马（Michelle Obama）被拍到穿着高街时尚[1]与平价时尚混搭的照片。她穿着无袖裙装出席外交场

1　高街时尚指快时尚。高街并不是指代某一条街，而是指一个城市的主要商业街，街道两旁是服装零售店。

合，表明这种风格突然一酷而红。这些例子的共同点是什么呢？所有的潮流引爆者都很酷。

米歇尔·奥巴马与 J Crew 品牌的引爆点有关——虽然只持续了几年，J.Crew 于 2020 年申请破产，并转移到其债权人手中。2008 年，当米歇尔的丈夫被选为总统候选人时，她曾作为嘉宾出现在晚间电视节目《杰·雷诺今夜秀》（*The Tonight Show with Jay Leno*）中。《杰·雷诺今夜秀》主持人杰·雷诺问米歇尔会穿什么的时候说："我猜您那身行头……得有 6 万美元。"米歇尔回应道："是一身 J.Crew……女士们，大家知道 J.Crew 吧，在网上也可以买到好东西。"10 年后，我采访的许多女性都记得曾听过或看到过这句话。

马克·扎克伯格在脸书的首次公开募股发布会上穿了一件连帽衫。只要兜帽一直垂下去，这件衣服还是可以接受的，但如果把兜帽戴上去就不酷了。换到其他文化中，这种风格却可以被称为高级酷风尚。

千禧一代重视生态问题，以及倡导不穿正装穿休闲装，共同促成了人们迅速接受网红品牌欧布斯（Allbirds）的环保鞋履，人们穿该品牌的鞋时不用穿袜子。该品牌的鞋履是由新西兰美利奴羊毛（具有生物可降解特性），加上蓖麻油、甘蔗和树木纤维制成的。谷歌的联合创始人拉里·佩奇（Larry Page）是第一批穿欧布斯上班的人之一——不穿袜子。接下来是推特掌门人迪克·科斯特罗（Dick Costolo）——他也不穿袜子，随后跟风穿起来的是风险投资家本·霍洛维茨（Ben Horowitz）和玛丽·米克尔（Mary

Meeker）。辛迪·克劳馥和奥巴马总统也曾被拍到穿欧布斯，莱昂纳多·迪卡普里奥（公开）投资了该公司。百货公司诺德斯特龙找到欧布斯联合创始人——新西兰前国脚蒂姆·布朗（Tim Brown）和乔伊·兹威林格（Joey Zwillinger），寻求经销合作。几个月内，欧布斯品牌的鞋已经行销全美。

艺术化

奢侈品、宗教和艺术互有关联。三者的目的都是让人们超脱功能性而获取无形价值。

——米丽亚姆·瓦拉迪　时尚观察家

有公司近来想买"我的气质"。

——安迪·沃霍尔（Andy Warhol）艺术家

在传统变得越来越不重要的时尚界，除了网红和 Instagram 之外，还有什么方法可以创造出一个既能引起传统客户的共鸣，又能与千禧一代默契呼应的品牌故事呢？一个途径是艺术化，实现时尚公司与艺术、艺术家合作。

在奢侈品时尚界，艺术化合作的方式不一而足。LV 品牌与艺术界的关系源远流长，探索过多种跨界合作方式。路威酩轩集团在巴黎香榭丽舍大街的旗舰店里有一个艺术画廊。"路易·威登 Espace 文化艺术空间"的首批展品中有一批黑人和白人女性的巨幅照片，排列起来组成了路易·威登标志中的"LV"两个字母。

另一个展品是一段视频，其中女性在店内货架上摆各式姿势扮作手袋。这些展品的理念是"用艺术为路易·威登的设计焕发新的生机，并建立路易·威登品牌与艺术之间的联系"。巴黎还有一家私人资助的博物馆，即路易·威登基金会，展出路威酩轩集团的艺术藏品。

20 世纪 60 年代中期，设计师、艺术收藏家伊夫·圣·罗兰将立体派画家彼埃·蒙德里安的艺术融入他设计的"蒙德里安裙"中。伊夫和他的生活伴侣、商业伙伴皮埃尔·贝杰（Pierre Bergé）都很喜欢蒙德里安作品的色彩和构图。伊夫设计的这条直筒连衣裙由白色的线条、白色的条块和三原色区块组成。它是基于蒙德里安的《构成 C（第 3 号），红黄蓝》（1935）而设计的。

这条裙子登上了 *VOGUE* 法国版杂志 1966 年 9 月的封面。圣罗兰的蒙德里安裙的真品后来被收入到许多博物馆，包括阿姆斯特丹国立博物馆、伦敦的维多利亚与艾尔伯特博物馆以及纽约的大都会艺术博物馆。

有时候时尚和艺术之间的关系更加微妙。随着西方社会中人们对服装满意度的目标从拥有变为体验，奢侈品时尚供应商希望让产品的定位更接近艺术，因为艺术代表了品位和文化。当一位艺术爱好者花 25 000 美元买一幅画时，这就是收藏，人们会觉得这是对艺术的支持。而当一位女性花 25 000 美元买一个时装包时，人们或许会认为此举轻率，或者是炫耀性消费。将奢侈品艺术化就是试图扭转这种认知，让顾客将奢侈品视为一种艺术形式，从而改变品牌的象征意义和地位。路易·威登和杰夫·昆斯的艺术合作，让大师系列手袋和 LV 品牌更接近艺术品，供人收藏。

巴黎高等商学院的品牌专家让－诺埃尔·卡普费雷（Jean-Noël Kapferer）是第一位研究时尚行业艺术化的专家。卡普费雷认为，艺术化为高定价提供了正当理由，它弱化了奢侈品时尚是炫耀性消费的认知，且没有损害排他性的光环。他将这一概念仅应用于奢侈品品牌，而非高端品牌。这并不能解释为什么许多非奢侈品品牌会接受某种形式的艺术化，当然，模仿奢侈品品牌可能是一个原因。

2007 年，路易·威登和日本潮流艺术家村上隆成功合作。洛杉矶当代艺术博物馆（MOCA）在村上隆艺术展的展区中心开设了一家路易·威登弹出式商店，作为对高额展览费用的回报，这在美国大型艺术博物馆历史中是前所未有的。这家商店出售上千美元的村上隆图案的手袋，以及其他专为该展览设计的，且与艺术家相关的衍生产品。

同年，香奈儿斥巨资开展了一项推广活动，旨在强化品牌创始人可可·香奈儿和艺术之间的关系。他们委托建筑师达姆·扎哈·哈迪德（Dame Zaha Hadid）设计了一个飞碟形状的展示结构，一座大小近 700 平方米、重 180 吨的建筑，名为香奈儿移动艺术馆。该建筑设计的结构可拆卸，所以可转移到其他城市。时任香奈儿创意总监的卡尔·拉格斐策划了室内设计。

香奈儿称，飞碟的设计灵感来自可可·香奈儿的艺术成就，其隐藏的意义是任何带有她的名字的东西都应该被视为艺术。飞碟设计致敬了香奈儿曾受委托创作的艺术品——香奈儿的黑色菱形绗缝皮革 2.55 手袋。瑞士雕塑艺术家西尔维·夫拉里（Sylvie Fleury）设计了水晶高定突击队[1]——一款紫色的 2.55 手袋，手袋里有一个香奈儿化妆盒。法国当代艺术家法布里斯·海博（Fabrice Hyber）设计了一个绗缝皮革 S&M 室。这个飞碟可以用来阐释马歇尔·麦克卢汉（Marshall McLuhan）的名言"媒介即讯息"。

香奈儿的展览于 2008 年 2 月在中国香港开幕，7 月转战东京，同年秋天在纽约中央公园闭幕。展览的总费用为 1200 万欧元。拉格斐说，这次展览不仅成功展示香奈儿公司的精致产品，更阐明香奈儿与当代艺术之间的密切关系。

还有一个艺术化的案例可能不为人所知。总部位于瑞士的爱彼（Audemars Piguet）公司生产的手表是奢侈品时尚的理想配饰。2017 年 12 月，艺术界在迈阿密召开了一年一度的巴塞尔迈阿密海滩艺术博览会。许多人收到了爱彼的雕刻版请柬，普通人也看到了邀请他们参观迈阿密海滩会展中心的整版广告。里面的装置名为"缓慢移动的发光体"，指的是太阳、月亮和其他天体。博览会免费入场。

展馆上层的五座建筑矗立在水天交接处，装置令五座建筑缓缓从水中升起而后下沉，还再现了上升的海平面，以及飓风伊尔

1　水晶高定突击队是西尔维·夫拉里2008年展出的一个视频影像作品，同名手袋出现在该影像中。

玛、玛利亚和哈维。15 名工人花了 18 个月的时间制作了这个装置。装置展览为期 6 天，随后被拆除。这是一起高造价案例，是奢侈品公司通过与艺术和设计建立关联，而不是通过将其产品属性与竞争对手的产品属性进行比较，来寻求品牌声誉和消费者偏好。据保守估计，该公司在展馆项目上的投资高达 1000 万美元。在只接受邀请函入内的开幕之夜，200 名贵宾和记者参加了"缓慢移动的发光体"展览活动，在接下来的 5 天里，每天的参观者有 4000 名之多。展览创造的品牌价值是否赚回本了呢？该公司的高管认为是的。

另一个例子很有趣，因为你不会把它与时尚或艺术联系在一起。2017 年，卡尔文·克莱恩品牌从匹兹堡的安迪·沃霍尔视觉艺术基金会获得了这位艺术家的所有视觉作品使用权，为期 3 年。最早的利用方式之一是让模特穿着 CK 的内衣游行，上面展示了沃霍尔的作品《骷髅》（1976）《11 重影猫王》[1]（工作室版）（1963）和《自由女神像》（1962）。沃霍尔是一位极具创造力的艺术家，以画坎贝尔汤罐头和布里洛盒子而闻名，其作品现在被用于进行内衣的艺术化。后来 CK 的牛仔夹克上出现了沃霍尔的花卉画，CK 餐具出品了印有沃霍尔作品丹尼斯·霍珀肖像的丝网印刷品，该品牌的裙装上则印有沃霍尔曾砸的汽车和电椅的复

1　安迪·沃霍尔为美国歌手、演员埃尔维斯·普雷斯利（Elvis Presley）创作了与其真人一般大小的系列作品，称为《重影猫王》，共22件，这是其中一件。

制品。

CK 2018 年春季成衣时装秀在曼哈顿第 39 街的品牌总部举办，主题是"恐怖"。T 台模特穿着印有沃霍尔的《死亡与灾难》（*Death and Disaster*）系列图片的设计，包括名为《救护车灾难》（*Ambulance Disaster*，1963—1964）和《金枪鱼灾难》（*Tunafish Disaster*，1963）的两幅作品。这是改变人们对中等价位连衣裙看法的一种独特方式。印有《金枪鱼灾难》的产品卖得好吗？这些产品实行了限量版发售，而我问过的人都不认为这些产品（或沃霍尔 ×CK 的大部分设计）令人难忘。

艺术化在奢侈品时尚的全球化中扮演了重要角色，尤其是当奢侈品品牌向国外市场扩张时。日本、中国的路易·威登旗舰店兼具画廊和博物馆的元素。其中 6 家门店设有艺术画廊，展示路易·威登基金会收藏的艺术品。建筑、室内设计和照明的使用都模仿了博物馆。待售物品放置于艺术品旁边，意在暗示二者价值平等。

爱马仕和香奈儿的日本旗舰店都有当代艺术展览空间。这些旗舰店定期举办时装秀，将门店打造成文化场所和奢侈品的发祥地。当爱马仕进入中国市场时，赞助了一场故宫关于"天马"的展览，将该公司的起源与中国古代的马文化联系起来。爱马仕将他们打入新市场的艺术化途径定义为"做客，而不是征服"。

每一个奢侈品牌与艺术化的案例，都是试图通过将非艺术与艺术联系起来，来改变产品、品牌或创始人的地位。每次尝试都希望可以改变消费者对品牌的认知，特别是对千禧一代而言，对传统的依赖已经变得不那么重要了。然而每次尝试的成本都很高，效果也很难衡量。从奢侈品时尚公司仍继续使用艺术化的手段来看，许多人还是认为这种方式和投资是合理的。

04

手袋、高跟鞋和
运动鞋

手袋重在印象

加州人有车，我们曼哈顿人有手袋。

——安娜·约翰逊（Anna Johnson）时尚作家

手袋告诉旁人它是谁，它想成为谁。

——露西娅·萨维（Lucia Savi）伦敦维多利亚与艾尔伯
特博物馆

手袋是一个女人存放物件的密室，也是一个记忆的容器。这是女人风格、地位和财富的象征。女性拿着一只手袋便释放出上述这些信息，最早可追溯到 19 世纪中期。20 世纪，路易·威登、爱马仕、普拉达和古驰开始为上层阶级的家庭制作旅行箱，后来增加了为女性客户提供手袋的业务。

几十年来，手袋一直推动着奢侈品行业的利润增长。2019 年，手袋占高端时尚公司销售额的 1/4 以上。皮革制品——以手袋为主是上述四个品牌以及思琳和香奈儿最赚钱的单一品类。从 LV 来看，手袋占其营收的 75%，普拉达的这个比例是 45%，古驰的是 40%。对爱马仕而言，随着其时尚产品的种类逐渐增加，手袋占销售额的比例是 1/3。手袋销售对这些品牌的千禧一代顾客具有更大的重要性。因为经常从平价时尚或快时尚品牌购买服装的顾客，可能仍会购买一只高端包。手袋是时尚界的主打产品，受经济低迷冲击之下销量仍然是最好的。

手袋的品牌和设计款式繁多，加上价值观念的变化，女性朋友们不会对某一品牌保持太高的忠诚度。最终，一个女人可能有多少只包，就有多少个品牌的包。

几十年来，像路易·威登的 Petite Malle 迷你盒子包、圣罗兰 Sac de Jour 风琴包这样价格 1000 美元以上的奢侈品 It Bag [1]，需求量很大。美国和英国对 It Bag 的需求一直在下降，部分原因是价格更低的包在 Instagram 上获得了曝光和关注。新的手袋设计经常出现在社交媒体上，之前的设计款式还没来得及被认可为 It Bag，其需求便已经开始减少。高端市场的下滑也反映出消费者对功能性的偏好超过了设计性，这与街头服饰趋势有关。

2020 年，一款 It Bag 出乎意料地火了——它价格便宜、面向千禧一代。这就是特尔法·克莱门斯（Telfar Clemens）的 Telfar 迷你包，由纯素皮革制成，包身带有突出的"T"标志，被称为"布什维克铂金包"（Bushwick Birkin）。Telfar 迷你包的价格从 150

1　It Bag，全名Inevitable Bag，是国际上给名牌包的一个通称，意为人人都该拥有的包。

美元到 260 美元不等，主要通过小批量发售（每次发售 3000—7000 只），因此持续供不应求；在转卖网站上的售价更高，每周发售时，负责接管 Telfar 电商网站的机器人会抢拍这款包。

英国皮具供应商劳娜（Launer）设计了这款方方正正的"撒切尔包"。伦敦的福特纳姆和玛森百货公司（Fortnum and Mason）和塞尔福里奇百货公司（Selfridges）仍有售，售价约为 1000 英镑。撒切尔夫人的第二个选择也是四四方方的包，来自爱丝普蕾（Asprey）。据报道，她总是背着硬面手袋，因为这符合她"铁娘子"的形象。1988 年，她带着这款爱丝普蕾包去华盛顿会见里根总统。撒切尔夫人去世后，佳士得在伦敦的一次慈善拍卖中，将这只爱丝普蕾包拍出了 2.5 万英镑的高价。

伊丽莎白女王经常背一只劳娜包。据说女王用它给服务员发信号。当包在她左臂上时，一切都好。当包在右臂上时，她需要结束当下的交谈。把包放在地板上时，意味着她需要救援。把它放在餐桌上，意味着用餐必须在 5 分钟内结束。

美版《纸牌屋第六季》也是最后一季，罗宾·怀特（Robin Wright）饰演美国第一位女总统克莱尔·安德伍德（Claire Underwood）。有一个问题，"让第一位女总统拎什么包合适呢？"为怀特设计服装的凯末尔·哈里斯（Kemal Harris）回答："没有这样的包。"哈里斯说，男总统从来不带公文包，因为有人帮他拿包。在该剧第一季中，安德伍德涉足政治之前，她拎着一只圣罗兰的 Muse Bag（缪斯包）。接下来的几季中，在开启政治生涯之前，她背的是博柏利和拉夫·劳伦品牌的手袋。这三家品牌都支付了产品植入费，有的还赞助了手袋和服装。

一个女人可以因为一只手袋是前男友送的礼物，或者这只包让她想起了破裂的婚姻，从而不再喜爱这个奢侈品手袋，甚至会扔掉它。她可能会送给自己一个新手袋，这是她开启新生活的一个方式。

女人们买很多包，以备不同场合或不同心情时使用。时尚评论家估计，美国每位成年女性平均拥有 6—8 个包。我听说过的最"理想"的包数是 4 个：一个经典包、一个当季 It 包、一个工作用的大托特包、一个晚上用的性感包。一位非传统社会评论家称，一个女人有必要为以下 10 种社交场合准备不同的手袋："非常正式、没那么正式、只有一点点正式、非正式但不那么非正式、每天、每隔一天、白天通勤、夜晚通勤、剧院看戏和放纵。"这个长长的清单来自布偶猪猪女孩（Miss Piggy）。

女人不需要随着服装偏好的改变或年龄的增长而将手袋搁置不用。有些包一背就是几十年。"单次使用成本"比奢侈品鞋履或奢侈品时装要低得多。奢侈品包可以代代相传，在某种程度上被认为是类似于珠宝或精美手表的存在。

手袋和鞋履是互补的时尚单品。两者的含义完全不同，在争夺时尚消费方面没有直接冲突。穿高跟鞋可能是为了鞋子的自身效果——显高、使体态挺拔、改变腿型或臀部、调整胸部角度，或者是吸引赞美或欣赏的目光。而背包则是为了取悦包的主人，也许是为了给其他女性留下深刻印象。（最后一个结论引起了一些女性的强烈反对——一部分人认为"留下深刻印象"的解释只适用于 40 岁以下的女性。）无论如何，没有男人会对手袋有什么评价。

纽约、伦敦和多伦多的一些高档公寓开发商如今专为女性提供一种单独的带玻璃门的"手袋和鞋履"橱柜，用来展示这些物品。其中鞋子的空间是手袋的 2 倍。在公寓的销售手册中，这个空间仍然被称为"手袋柜"。

奢侈品包很贵，有些贵得离谱。这很有意思，因为在时尚界有这样一个假设：如果把 10 个不同的奢侈品包或高档手袋并排放在一起，没有任何标志或其他品牌标志，很少有女性能认出其中一半的品牌。如果让女性朋友根据想要的程度给这些包排序，大多数人会以设计或颜色为标准。排名结果与价格或品牌地位之间只有适度的关系。这个结果也得到了神经科学实验的支持。2014 年，加州伯克利的一家研究机构利用女性受试者的功能性磁共振成像（fMRI）对大脑反应进行扫描，以对不同的手袋进行盲测。只要受试者不知道看到的包是什么牌子，大脑的反应就几乎都是一样的。而当通过品牌标志识别手袋时，她们大脑中反映快乐的区域会被更频繁地点亮。

当你走上一条时装街，比如说纽约的麦迪逊大道，几乎每家服装店都展示着几十只甚至几百只手袋。既然一只质量很好的包寿命很长，为什么还会有这么多包呢？第一个原因是高额的利润率——奢侈品包的标价平均下来是制造成本的 12 倍，高端包的标价是制造成本的 4—6 倍，这个数字对平价包而言要再略低一些。高档包不需要在每个时装季末打折出售。

每家商店都有手袋的现象是最近才出现的。大约从 2013 年开始，路易·威登、爱马仕、古驰和普拉达都提高了入门级手袋的价格，以强化品牌的地位和排他性。这形成一把巨大的价格保护伞，迪奥、圣罗兰、巴黎世家、纪梵希、托德斯和其他品牌都躲在这把保护伞下。不仅如此，这类品牌还扩充了手袋款式，定价比高价品牌的价格还低 20%—30%。想进阶为高端品牌的挑战者也参与竞争，价格又比纪梵希等品牌低了 20%—30%。现在有些最酷的手袋出自小众品牌，价格在 600—650 美元之间，被认为是晚装手袋的"最佳选择"。这些包大多只在社交媒体上推广，主要是通过合作的网红进行宣传推广。

多年来，爱马仕、思琳、香奈儿和其他品牌最贵的手袋，已不再使用很大、易识别的标志和符号。其低端手袋保留了大标志的特点。一般来说，包越便宜，商标就越大、越显眼。高端手袋侧重选用优质的材料、可识别的设计元素和非常小的标志。与大标志的手袋相比，这些包更能帮助顾客凸显身份——至少在那些少数认出这款包或其小标志的人眼里是这样，因此他们的观点对品牌来说很重要。

大约在 2017 年，大标志手袋重返奢侈品和高端时尚。香奈儿、巴黎世家和其他几个品牌设计了用大写字母显示品牌名称的款式，被称为"涂鸦标志包"，据说受到了千禧一代消费者的欢迎。

面对即将参加某项社交活动的压力，一个女人可能会为了使用一次手袋，而去"借"奢侈品手袋。想象这样一个故事：一位高管的妻子收到了邀请她和丈夫与公司总裁共进晚餐的邀请，她一时慌了。如何给总裁留下深刻印象呢？她买了一只奢侈品手袋，留好包装和盒子，背着这只包去赴宴了。第二天她便把包退回。奢侈品门店的经理对这个故事一笑置之，并表示这种事情时有发生，但他们相信，虽然这位女士仅在短期内"拥有"了这个包，但她会成为未来的顾客。等到她买得起的时候，就会买来拥有它。

许多品牌用不同的面料生产同一风格的手袋——帆布、皮革、小牛皮或蛇皮。最好的材质有鳄鱼皮或其他异国稀有皮，对许多人来说，这代表着顶级的工艺和极致的奢侈。限量版和绝版单品价格更高。在手袋上装饰银质或金质搭扣、宝石也会提高价格。

为了保证质量，爱马仕、路易·威登和香奈儿都在澳大利亚经营着自己的鳄鱼养殖场。湾鳄皮的图案最受欢迎。鳄鱼营养学家设计了以鸡肉为主的饮食。饮食中不同的蛋白质会在鳄鱼皮上产生不同的颜色。鳄鱼腹部的皮上哪怕出现一个针头大小的洞，都会使它的价值减半。鳄鱼腹部的皮要经过染色、切割和缝制——制作一只手袋需要 3—4 张腹部皮。鳄鱼背部的皮则用来制成皮带。

美国短吻鳄的皮比湾鳄皮更粗糙、更厚、更柔软，所以也更贵，因为无瑕疵的短吻鳄鱼皮很罕见。短吻鳄鱼皮更难伪造，因为真的鳄鱼皮有明显的脐痕。

湾鳄皮或短吻鳄皮的价格反映了漫长的生产过程和对品牌质量的关注。路易·威登的鳄鱼皮 Capucines（卡普辛包）的报价曾高达 65000 美元，在撰写本书时价格更高。这个名字来源于巴黎的卡普辛大街，路易·威登于 1854 年在这里开设了第一家店。香奈儿的 Diamond Forever（永远的钻石手袋）每年只生产 3—5 只，售价在 26 万美元以上。大多数爱马仕的鳄鱼皮包售价都超过 10 万美元。爱马仕曾推出一款白金钻石包，由日本珠宝商银座田中设计，镶嵌 2000 颗钻石，售价 200 万美元，据称没有找到买家。

世界上最贵的手袋是哪只呢？根据吉尼斯世界纪录，是顶奢珠宝品牌懋琬（Mouawad）的一款心形黄金包，上面镶嵌了 4500 颗钻石，标价 380 万美元。懋琬公司也从未说过它是否卖出，可能是没有。

佳士得手袋拍卖专家凯特琳·多诺万（Caitlin Donovan）指出：

"……手袋真的是拍卖界唯一的女性非视觉艺术品类。男性收藏汽车、红酒、手表等奢侈品。女性却从没有一个属于自己的品类。"即使是女性珠宝，男性也是最常见的买家。

转卖奢侈品手袋有这样几个平台。对于高端手袋来说，显而易见的是拍卖会，其中最重要的是佳士得在纽约和香港的拍卖会。拍卖行收取 18%—25% 的佣金和买家溢价。另一种选择是寄售，要么是在线，要么是通过实体店。对于这种方式，寄售方要支付 25%—45% 的佣金，但是销售和付款要快得多。

Rebag（www.rebag.com）是一家奢侈品手袋网站，网站直接购买二手手袋，然后通过其零售店和网站转售。2017 年，Rebag 在纽约麦迪逊大道开设了第一家门店，与香奈儿、路易·威登和博柏利的门店位于同一街区。3 年后，Rebag 在纽约、加利福尼亚州和佛罗里达州共开设 9 家门店。这些店吸引着千禧一代，适合 Instagram 取景拍照，比如有一整面墙的铂金包，顾客常用于自拍。

　　Rebag 网站的创意源自前高盛分析师查尔斯 - 阿尔伯特·戈拉（Charles-Albert Gorra），卖家可以用文字描述包，并上传相关图片。Rebag 使用一种定价算法，结合品牌和成色来估算价值。转售的售价大约是原始零售定价的 50%。消费者对包的大部分需求都集中在路易·威登、爱马仕和香奈儿这些品牌。戈拉说，"几年后，转售和租赁将成为每个人的购物方式"。他认为，Rebag 和其他转售网站为首次购买者提供了一个入门机会，并为手袋持有者提供了流动性——转售概念对奢侈品公司是有利的。高端手袋的卖家很可能会把钱再投资到新手袋上。

　　有趣的是，一个从来不会考虑买马诺洛（Manolos）品牌二手鞋的女人可能会毫不犹豫地购买一只二手奢侈品包并背出去。她也不会考虑购买二手的香奈儿裙装，尽管在 2020 年，购买和穿着复古服装越来越被广泛接受，特别是对 Z 世代而言。

　　Rebag 还为顾客提供了一项"租赁购物"服务，让顾客在用完一个包之后，以包包原价的一定比例，兑换成自己的 Rebag 信用额。"租赁购物"有三个层级：拥有该包最多 3 个月的顾客，还包时可以兑换 80% 的 Rebag 信用额；拥有该包 3—6 个月，可以兑换 75 % 的信用额；拥有该包 6—12 个月，则只能兑换 70% 的信用额。

　　将高端手袋作为投资已经成为主流，当唐纳德·特朗普的前私人律师迈克尔·科恩（Michael Cohen）在 2018 年承认逃税时，他未申报的收入中有 30 000 美元是来自代理出售的一只铂金包——而这只是报纸第六版上的一篇报道。继 2017 年马来西亚欺诈调查后，马来西亚的前总统纳吉布·拉扎克（Najib Razak）及其家人名下的 6 处住所遭到突袭。警方缴获了价值 550 万美元的现金、黄金、奢侈品手表和 272 只爱马仕手袋。

很少有设计师致力于设计高端时装鞋，但有数百名设计师期待推出下一款时髦手袋。每年 6 月，在曼哈顿举行的独立手袋设计师奖大赛（Independent Handbag Designer Awards）吸引众多设计师参加，大家都想成为下一个瑞贝卡·明可弗或凯特·丝蓓（Kate Spade）。两人都没有时尚界背景，他们凭借创造力打造出一个成功的手袋系列。丝蓓于 1999 年将凯特丝蓓品牌的部分业务出售给了尼曼百货公司，其余部分于 2006 年出售，总价为 1.24 亿美元。丽资·克莱本（Liz Claiborne）后来购买了这个品牌，随后又转让给蔻驰。

甚至几大时装集团也提供非常新颖（或者只是“新”）的手袋设计。2018 年，思琳和普拉达推出了透明塑料树脂的手袋款式。手袋的主人与陌生人分享着自己包内的物品，就像在 Instagram 上一样。这些手袋能否成为真正的奢侈品，取决于是否能吸引身边人的目光。2019 年，路易·威登男装设计师维吉尔·阿布洛推出了一个夜光手袋系列，光纤能让 LV 标志发光。

在所有时尚单品中，手袋是最容易在网上购买的品类之一，再加上压力之下的自我放纵和“回归经典”的趋势，意味着手袋的销售在 2020—2021 年是所有主要时尚单品中表现最好的——但仍比上一年下降约 20%。

在混搭时尚的时代,奢侈品和高端时装品牌将永远与手袋保持着一种又喜又忧的关系。喜的是,手袋给它们带来了巨大利润。但令人担忧的是,如果顾客有一只识别度很高的奢侈品包,那么用平价服装来搭配也未尝不可。

时尚的高度

我会为吃午餐的女士做鞋，但是这顿午餐会因为谈论男人令人感到不悦。但是我有个底线，我绝对不会为在下午打桥牌的女士做鞋！

——克里斯提·鲁布托（Christian Louboutin）时尚设计师

没有什么能比说一个女人穿的鞋"朴实"让她更快下地狱。

——伊丽莎白·塞梅哈克（Elizabeth Semmelhack）多伦多巴塔鞋类博物馆高级策展人

西班牙鞋履设计大师莫罗·伯拉尼克（Manolo Blahnik）反复强调的一个高街时尚的原则，那便是"穿上高跟鞋，你就会改变"。玛丽莲·梦露（Marilyn Monroe）还对这种改变进行了量化："高跟鞋能为一个女人加持 25% 的气场，50% 的自信和 100% 的性感。"

在千禧一代和 Z 世代的推动下，叠加 2020 年停工停产，高跟鞋的角色正悄然发生变化。2020 年之前，有一些人抱怨甚至请愿反对过穿高跟鞋的规定，但收效甚微。日本劳工部在 2019 年回应了女性员工广泛公开的请愿书，声明女性员工在工作中穿高跟鞋是"必要且适当的"。这些女性员工接连上诉，但都败诉了。日本正在进行一场 KuToo 运动，"KuToo"是对日语中鞋（kutsu）和疼痛（kutsu）这两个词的模仿。

在西方的一些社交场合中，女性仍然要穿高跟鞋，但这样的场合比起前几年已经少很多了。女鞋的作用和意义到了 2024 年可能会大不一样。这种转变威胁到奢侈品时尚业中一项规模巨大、利润丰厚的业务。

劳伦·科林斯（Lauren Collins）在 2011 年《纽约客》的一篇文章中讲述了一个关于红色的幕后故事。1993 年，克里斯提·鲁布托办了一场时装秀，灵感来自安迪·沃霍尔的丝网印刷品《花》（Flowers）。他根据沃霍尔的作品做了一个高跟鞋原型，但看到成品时，他不为所动。他的助手坐在一旁，正做着指甲。鲁布托拿过来她的红色指甲油，涂在原型的鞋底上。他后来解释说："男人就像公牛……他们无法抗拒红色的鞋底……我工作的核心不是取悦女人，而是取悦男人。"

克里斯提·鲁布托至今已向其模仿者多次发起法律诉讼，以捍卫他对鞋底颜色的专有权——一种叫作潘通鲁布托红（Pantone Louboutin Red）的颜色。

鲁布托和其他设计师的高跟鞋名声在外，是因为女性穿起来显得腿更长，从而勾起男性欲望，让女性消费者一时丧失理智而用信用卡消费。高跟鞋能使迈步、骨盆旋转和臀部的垂直运动幅度更大。在2013年接受时尚博主兼摄影师嘉兰丝·多尔（Garance Dore）的采访时，鲁布托分享了他观察到的现象，"高跟鞋会让女人放慢脚步，这样男人就有更多时间去欣赏她们"，而且"当女人买鞋时，从来不会看鞋子。她们会站在镜子前，从前面、侧面看胸部和臀部。如果觉得好看，才会考虑鞋子"。他表示，在路铂廷产品所到之处的国家，这套女性买鞋的步骤如出一辙。

对于那些买得起路铂廷并愿意忍受穿高跟鞋带来的不适的女性来说，这种红色让路铂廷高跟鞋成为一种地位的象征。多伦多巴塔鞋类博物馆的高级策展人伊丽莎白·塞梅哈克认为，鞋子的高度和彰显的地位才是重要的。"这不在于女性的形象如何，而在于这是每个社会的文化期望。在错误的时间穿朴素的鞋子会有被嘲笑的风险"。到2020年，这种期望正在改变。

路铂廷的鞋很贵，很多款式接近1000美元，有的甚至高达6000美元。定制款的售价甚至高达五位数。克里斯提·鲁布托讲了一个客户的故事，每当她收到一份金额高昂的信用卡账单时，她会向丈夫解释说鲁布托是她的妇科医生。鲁布托卖的鞋是奢侈品，但不会人为限制销量。路铂廷公司2019年共销售57万双高跟鞋。

路铂廷家的鞋从来都不是为了舒适——这是每个穿过的人都承认的事实。鲁布托说鞋子既然让穿鞋的人获得了满足，那么也必须对其有所要求。路铂廷品牌优先考虑的是"设计、美丽和性感"。路铂廷高跟鞋不是用来参加冗长的鸡尾酒会的，也不是酒会结束后用来走路回家的。那么谁家的奢侈品高跟鞋最舒适呢？对此人们的共识似乎是阿玛尼。

有一种方法可以暂时解决这种不适，少数穿高跟鞋的女性可以使用这种方法。在薇妮斯蒂·马丁的《我是个妈妈，我需要铂金包》回忆录中，她描述了试穿一双路铂廷露趾厚底穆勒鞋的经历，她很喜欢这双鞋，只是左脚大拇趾有些挤脚。售货员沉思了一会儿说道，"你可以每次穿的时间短一些"或者"你可以打一针（麻醉药）"。他解释说，曼哈顿上东区有足病医生，傍晚的时候找他们给脚注射麻药，这样就可以穿着高跟鞋坚持几个小时。也有医生在女性脚掌处注射胶原蛋白，以减轻穿尤其高的高跟鞋时的疼痛。马丁接受了"美丽伤人"的事实，并买下了这双鞋。多伦多大学医学院的布鲁斯·波梅兰兹（Bruce Pomeranz）博士同意鲁布托的观点，即高跟鞋对穿着者提出了要求。他总结道："女人觉得自己的腿最折磨人的时候，看起来是最性感的。"

与路铂廷相比，莫罗·伯拉尼克的风格则更为经典和保守。马诺洛家的高跟鞋是为那些不需要骑着骆驼或在超市炫耀高跟鞋的女性设计的。*VOGUE* 主编安娜·温图尔就穿马诺洛家的高跟鞋。令人惊讶的是，许多女性，甚至那些声称对时尚潮流漠不关心的女性，都很了解马诺洛家。温图尔作为马诺洛的低调代言人，对路铂廷更有价值。

莎拉·杰西卡·帕克（Sarah Jessica Parker）饰演的凯莉·布雷萧（Carrie Bradshaw）在电视情景剧《欲望都市》（*Sex and the City*）中穿的是马诺洛高跟鞋。该剧的主题和时尚、梦想与友谊有关。凯莉宣布她花了 40 000 美元买了一双莫罗·伯拉尼克品牌的高跟鞋，相当于（她以为的）在纽约买一套公寓的首付。她在报纸上写了一篇专栏文章，讲述这双鞋如何象征着"90 后"单身女性的自由。这双鞋适合情景剧中描绘的曼哈顿社会，但能选入该剧也是因为莫罗·伯拉尼克支付了广告植入费。随着该剧越来越走红，其他时尚公司也想通过植入式广告沾沾光，但没有成功。

这部电视剧还催生了各种衍生品，比如纽约的"《欲望都市》巴士观光之旅"，参观了这部情景喜剧中的许多景点，其中就包括那家莫罗·伯拉尼克品牌门店。参加巴士观光的女游客会在那里买鞋吗？纽约人是不会买的——凯莉和她的朋友们很有趣，但不真实。该店一名销售人员被问到哪些人在巴士观光之旅返程时会进店买鞋，他回答说"中西部人"。看来酷风尚因地域而异。

男人早在公元 5 世纪就开始穿高跟鞋，高跟鞋能让波斯骑兵脚蹬马镫、射箭时保持身体稳定——这就是牛仔靴有鞋跟的原因。伊丽莎白·塞梅哈克说，波斯马靴将高跟鞋引入了欧洲。16 世纪，波斯君主沙阿·阿巴斯一世曾穿着颜色鲜艳的高跟鞋巡视欧洲宫廷。欧洲贵族对此很感兴趣，并复制了这一设计。

夏尔·佩罗（Charles Perrault）写的童话《灰姑娘》原版书（1695 年）中的插图，是以当时的宫廷女鞋为基础的。

文艺复兴之后，西欧的男性用高跟鞋来象征社会阶级。高跟厚底靴标志着穿鞋者不必走很长的路或从事体力劳动。16 世纪，男男女女在宫廷中都穿高跟鞋。伊丽莎白女王一世在皇家活动中穿高跟鞋。17 世纪晚期，只有 1.62 米高的法国国王路易十四（"太阳王")在凡尔赛宫穿的是 10 厘米高的红色高跟鞋,这既是为了增高,也可能是为了透过丝袜凸显他的小腿肌肉。他宣布,只有那些获准进宫的人可以穿红色高跟鞋,从而使鞋履成为政治特权和地位的象征。

路易十五的孙子路易十六于 1770 年与玛丽·安托瓦内特(时年 15 岁)结婚。路易十六在婚礼上穿着红色高跟鞋——他的"红色魔爪",是他身份高贵的标志。1793 年,玛丽·安托瓦内特被送上断头台时,被允许穿着红色高跟鞋。路易十六此前被处死时穿的确实是普通靴子。当时的男式高跟鞋笨重且呈方形,而包括玛丽在内的贵族女子所穿的高跟鞋却很精致,呈锥形。

18 世纪初,无论男人还是女人都放弃了高跟鞋,要么觉得不实用,要么担心有政治风险——因为法国大革命后,具有贵族特点的服饰已从时尚中销声匿迹。随后近一个世纪,大多数男女都穿平底鞋。大约在 1860 年,中等高度的高跟鞋重新作为女性鞋履流行起来。

20 世纪 30 年代,随着禁酒运动在美国获得支持,有些州试图限制穿高跟鞋,因为高跟鞋往往伴随着酗酒和失德。犹他州一部拟议的法律规定,鞋跟超过 3.8 厘米的女性将被罚款,鞋子也会被没收。惯犯面临一年监禁。17 世纪的马萨诸塞州曾出台一项更加严厉的规定,该殖民地的总督宣布,"用高跟鞋引诱男人结婚"的女性犯有巫术罪,会处以绞刑或溺刑。于是这片殖民地里没有高跟鞋。

战事改变了人们的观念。第二次世界大战期间,一张展示贝蒂·格拉布尔（Betty Grable）穿着泳衣和高跟鞋的海报被分发给美国大兵。这些海报是为了鼓舞士气，激励部队更快取得胜利然后回家。当士兵们回来后发现妻子或爱人穿着战时常见的厚底鞋或坡跟鞋时，他们一定很失望。

到 1947 年，在克里斯汀·迪奥"新风貌"套装的推动下，高跟鞋重回时尚的视野，并用来凸显胸部、臀部，打造沙漏形身材。因为那时高跟鞋已经与女性的平等产生了联系，约束高跟鞋的做法反而被忽视了。

细高跟鞋（stiletto heel）于 1950 年问世，鞋跟中有一根细金属棒，受到压力时会弯曲。"stiletto"这个词源自意大利语，意为"细匕首"。好莱坞大片的女主角们穿起了细高跟鞋。用玛丽莲·梦露的话说，"我不知道高跟鞋是谁发明的，但全世界的女人都要感谢它"。《花花公子》杂志于 1953 年创刊，杂志插页上的裸体女模特穿着细高跟鞋，化着妆，戴着珠宝，却什么衣服都没穿。出版商休·海夫纳说这些照片代表的是"一丝不挂的邻家女孩"。

朱莉·贝内斯拉（Julie Benasra）执导的纪录片《上帝拯救了我的鞋》（*God Save My Shoes*），讲述了一群富有的穿着高跟鞋的时髦精们对高跟鞋的迷恋。这个主题非常有意思，足以让一位备受好评的电影制作人决定拍摄这部纪录片，也足以让电视广播公司为其提供资助。我在多伦多的巴塔鞋履博物馆观看了这部纪录片，该博物馆晚间进行电影播放。纪录片从贝丝·沙克（Beth Shak）开始，她是一名美国职业扑克玩家，在四个鞋柜里收藏了 1200 双高跟鞋，这还不算她为了给新的收藏腾出空间而已经捐出的 150 双。其中有 18 厘米高的高跟鞋，她说穿着这种鞋，她只能走上一段从车门到餐厅椅子之间的距离。

这部纪录片探讨了细高跟鞋的心理意义、文化价值和色情内涵，并展开了一系列精彩的评论——至少对一个不应该了解这些内容的男性来说是这样（在放映纪录片时，我和另一名男士以及许多女士在场，当我做笔记时，感到周围投来了不甚友好的目光）。

分享一些对这部纪录片的评论：

"电视剧《欲望都市》的电影版，让女性公开表达对鞋子的迷恋变成一件没什么大不了的事儿。"

"高跟鞋上的脚踝带被称为绑带。"

在 20 世纪的西方社会，表明男性穿高跟鞋的证据并不多——这很有趣，因为学术研究和个人观察都表明，男性的身高越高，则收入更高，择偶选择也更多。为什么男人不穿高跟鞋或靴子呢？似乎是因为一个男人因身高增加几厘米而获得的地位，还不如他因为穿高跟鞋而失去的地位多。在 2016 年的美国总统竞选活动中，身高约 1.73 米的初选候选人马尔科·卢比奥（Marco Rubio）曾穿着厚底靴参加辩论。广播媒体嘲笑他的选择，称之为"靴子门"。其对手候选人特德·克鲁兹（Ted Cruz）的公关主管里克·泰勒（Rick Tyler）在推特上写道，"给马尔科·卢比奥投票就是给男士高跟鞋投票"。历数前几届总统竞选，乔治·布什在得克萨斯州的竞选活动中也穿过牛仔靴，但并没有引起热议，也许是因为他已经够高了，不需要以此增高。

有些作家描绘穿高跟鞋的女性时，并不会考虑场景。2015年的电影《侏罗纪世界》（Jurassic World）中有一个场景，一只恐龙在热带丛林中追逐布莱丝·达拉斯·霍华德（Bryce Dallas Howard）饰演的角色克莱尔·迪林（Claire Dearing）。她穿的是10厘米高的细高跟鞋；作为主题公园的运营经理，显然工作中需要这样穿，尽管途中她可能还得逃离巨型蜥蜴。霍华德告诉一位记者，"我做过穿高跟鞋跑步的训练，就好像要参加奥运会一样"。

电视剧中也有一个类似的克莱尔，美版《纸牌屋》中的克莱尔·安德伍德，穿着黑色漆皮鲁布托高跟鞋，或独自一人或与丈夫一起，绕着白宫或她的联排别墅散步至深夜。两个克莱尔都是虚构的人物。问题在于作者让她们穿高跟鞋，希望传达出什么信息。

我最喜欢的"高跟鞋"故事发生在乌克兰军队。乌克兰部队当局命令女兵在基辅举行的2021年阅兵式上穿标准迷彩服，鞋子则定为约8厘米高的高跟鞋而非军用靴。当局没有提供任何解释——但激起一大波批评和调侃。

在2014年金球奖颁奖典礼上，演员艾玛·汤普森（Emma Thompson）脱下高跟鞋，放在右手拎着上台演讲，这表明比起时尚她更喜欢舒适。鉴于汤普森在演艺圈的地位，她这么做是可以接受的。但咖位低一些的女性（清醒时）不会赤脚出现在商业活动的舞台上。

第二次世界大战后，一些担任国家公职的女性不仅会因为是否穿高跟鞋而引发评论，甚至还会因为鞋跟多高而受到指摘。美国第一夫人杰奎琳·肯尼迪因穿低跟鞋和靴子招致媒体批评。美国第一夫人米歇尔·奥巴马因在重大国事活动中穿的是"朴实无华"的低跟鞋而受到批评（偶尔也会受到表扬）。2017年，美国第一夫人梅兰妮·特朗普因穿着约13厘米高的高跟鞋登上空军一号、前往休斯敦查看飓风哈维造成的破坏情况而受到媒体批评。

媒体和公众之所以对有权势的女性的穿着——尤其是脚上的鞋——如此关注，是因为有时可以借此来诋毁她们。针对2016年美国总统大选辩论，评论家们仔细研究了希拉里·克林顿当时穿的鞋，以确定是否符合总统的气质。至于她与唐纳德·特朗普的最后一场辩论中，穿平底鞋会显得太不正式，高跟鞋则不够严肃。她的顾问们开会讨论不同鞋履款式的利弊。她决定——显然是她自己决定的——穿低跟鞋显得严肃，穿细跟鞋体现女性气质。萨默·布伦南（Summer Brennan）在她的《高跟鞋》（*High Heel*）一书中提到，鞋跟又矮又细的高跟鞋被称为"猫跟鞋"。总统辩论这个场合，最容易被接受的女鞋正是猫跟鞋。当关于鞋履款式的争论和选择的新闻见诸报端时，猫跟鞋引发一波时尚热潮。

到了21世纪，女性对于白天上班的鞋履偏好已转向不太正式的款式，包括卡骆驰（Crocs）、勃肯以及普拉达、思琳、纪梵希等品牌的鞋子。而即使是卡骆驰也有例外的设计。在2017年的巴黎时装周上，该公司推出了价格895美元、跟高10厘米的巴黎世家联名款厚底高跟鞋。全程并没有模特从T台上摔下来，但也是侥幸脱险。

即使是普通的高跟鞋，人们的偏好也在从高跟向低跟转变。2019 年，环保时尚品牌埃韦兰斯（Everlane）的一款跟高 5 厘米的鞋履广告干脆用了"适合步行穿"（walkable）这个词。对许多人来说，新的基础鞋就是曾经被称为"跑鞋"的东西。没有人认为这些是跑步或其他运动时穿的。2019 年，阿迪达斯为推广其最新款设计 Stan Smith 运动鞋，邀请超模吉赛尔·邦辰赤裸出镜，照片中她除了这双鞋子以外什么都没有穿。

2020 年秋季的购鞋需求是平底鞋和穿着舒适的鞋。商店里的高跟鞋库存能退回的都已被退回，退不了的则收起来留待来年再卖。

下一节我们就来讲一讲运动鞋从运动配饰到奢侈品时尚的华丽转身。

运动鞋文化

我看到很多女人穿漂亮的运动鞋，似乎她们已经成为运动达人。

——安娜·温图尔 时尚杂志主编

有些运动鞋比 iPad 还贵。

——史蒂夫·乔布斯（Steve Jobs）科技狂人

运动鞋的地位和人们对它的接受度已经发生了巨大变化。就像蓝色牛仔裤从休闲服演变为正装牛仔裤，现在这些单品被越来越多的正式场合接受。近 10 年来的多项调查显示，只有大约 20% 的美国人购买运动鞋是用于体育活动——篮球、网球、跑步或交叉训练。90% 的千禧一代根据品牌的审美和推崇的生活方式来选择运动鞋品牌。在曼哈顿的巴尼斯纽约精品店于 2020 年闭店之前，店内男装区有 10 个货架，摆满了男鞋。其中 2 个货架上摆着各种款式的经典皮鞋，5 个货架上则是名牌运动鞋。

运动鞋在大众中具有广泛流行性——运动鞋的受欢迎程度超

越了年龄、性别和社会经济地位，并且伴随"居家办公"而来的非正式风格也促使运动鞋备受追捧。

运动鞋作为奢侈品时尚配饰的历史非常短暂。1977 年，*VOGUE* 杂志报道称，有人看到演员兼制片人卡洛尔·伯纳特（Carol Burnett）、演员法拉·福塞特（Farrah Fawcett）和摇滚歌手米克·贾格尔（Mick Jagger）都曾用运动鞋搭配正式的穿搭。2004 年，在巴黎举办的迪奥男装秀上，设计师艾迪·斯理曼（Hedi Slimane）让模特们穿的是白色高帮运动鞋。2006 年，浪凡推出了一款带漆皮鞋头的运动鞋，圣罗兰则推出了一个男士运动鞋系列。2010 年，巴黎世家发布了 Arena 系列皮质低帮板鞋。2011 年，吉米·周、浪凡和路铂廷都推出了运动鞋系列——其中路铂廷品牌将首次出现在高跟鞋上的红色鞋底也沿用到了运动鞋上。

2011 年，艾伦·德杰尼勒斯穿着白色圣罗兰运动鞋（配纯白西装）主持奥斯卡颁奖典礼。演员克里斯汀·斯图尔特（Kristen Stewart）曾穿香奈儿运动鞋走上戛纳电影节的红毯，肯达尔·詹娜、贝拉·哈迪德和考特尼·卡戴珊（Kourtney Kardashian）都曾穿白色运动鞋走红毯。2017 年前后，艾玛·汤普森穿着斯特拉·麦卡特尼品牌的白色 Loop 运动鞋走进白金汉宫，参加她获得大英帝国上级勋章女士司令官称号的颁授仪式。2021 年 1 月，美国当选副总统卡玛拉·哈里斯穿着自己的匡威运动鞋——搭配一件正式的黑色夹克——为 *VOGUE* 拍摄封面。

依我看，正式风运动鞋引爆点这个奖要提名给老佛爷卡尔·拉格斐，他在 2014 年 1 月举办了一场时装秀，T 台布景中有一个楼梯，模仿的是电影《棉花俱乐部》（Cotton Club）。64 名模特的服饰珠光宝气，却都穿着高级定制鞋履工坊玛萨罗（Massaro）提供的运动鞋。一旦被老佛爷钦点，运动鞋就可以在各种时尚场合大行其道。2018 年一个周六的晚间演出，我在斯卡拉歌剧院看到观众席中有很多人身穿正式服装，搭配彩色运动鞋，下至 30 多岁，上至 60 多岁，男女老少都有——这是在时尚之都米兰。

十几位名流穿着运动鞋参加大都会艺术博物馆时装学院慈善舞会，这是美国最讲究穿着的慈善活动。其中一位是 2017 年来参加舞会的维吉尔·阿布洛，他是路易·威登男装系列新任命的艺术总监。他穿着黑色双排扣西装，搭配 AJ（Air Jordan）系列复古元年版高跟运动鞋——鞋带是绿色的。

职场运动鞋穿搭风的兴起，首先出现在创意行业和互联网行业，在这些行业，标准工作穿搭的一个要求就是非正式着装，许多技术人员都以自己没有西装为荣。2019 年 3 月，投资银行高盛放宽了着装要求，允许员工在工作场所穿运动鞋。当然穿短裤、不穿袜子这些是不允许的，但在"适当的场合"——大概是在不需穿定制西装与客户会面的时候——可以穿运动鞋和牛仔服饰。2020 年，已经连续几个月穿着运动鞋、在家工作、在 Zoom 上参加线上会议的员工们，在回到办公室之后仍穿着运动鞋。

"sneaker"（运动鞋）一词的起源可以追溯到 19 世纪下半叶，当时硫化橡胶制成的鞋底让人们走起路来不出声响，犯罪分子可以偷袭受害者。直到胶底鞋在网球和帆船比赛中应用了几十年之久，才打破了"运动鞋是用来偷袭（sneak）的"这个观念。一个世纪之后，说唱乐队 Run-D.M.C 的歌曲《我的阿迪达斯》（*My Adidas*）的歌词中有这样一句话："我穿上我的运动鞋，但我不是偷袭者。"（I wore my sneakers but I'm not a sneak.）

奢侈品运动鞋价格高昂——对于穿惯普通运动鞋的人来说，价格简直高得惊人。其中大多数运动鞋价格在 300—600 美元之间，但迪奥、香奈儿、圣罗兰、浪凡、巴黎世家、汤姆·福特和杜嘉班纳的运动鞋价格高达 1500—4500 美元。

对于男性衣橱中的那些款式和颜色接受度很高的服装来说，运动鞋具有独一无二的作用。除了领带之外，男士穿任何一件亮色服饰都冒着成为时尚黑榜案例的风险。男人需要很多双运动鞋。正如女人在类似场合不会穿同样的衣服一样，穿运动鞋配正式服装的男士需要像换领带一样换鞋。

路铂廷等品牌既生产男运动鞋，也生产女运动鞋；男女通用的中性设计很少。因为两种鞋型大小不同，通常款式设计也不同。运动鞋的男款和女款通常在配色上是有差异的，旨在分别迎合两类群体的性格特征，唤起两性之间不同的情感。颜色也是品牌的代表：爱马仕是橙色，芬迪是黄色。但在此基础上，要添加水蓝色、霓虹粉还是电橘色（electric orange）则取决于顾客的性别，也取决于设计师希望让观者在看到鞋的前 15 秒内触发什么情绪。

2008 年的全球金融危机，让人们进一步接受时尚运动鞋。愿意花钱买时尚奢侈品的人更少了，而当时买了奢侈品的人也会感觉不太舒服，因为放眼周遭，他们自己或他们的配偶正在给公司裁员，或者他们的朋友已经失业。设计师们纷纷将焦点转向街头服饰和运动服饰。运动鞋与这两者都很相配。经济衰退期间，各大品牌主打优质运动鞋，因为其他配饰，甚至手袋——销售成绩平平。虽然手袋用途广泛，可以在多种场合使用，不同季节都适合，但运动鞋会磨损。

时尚运动鞋的利润率很高。一双用比普通运动鞋质量更好的绒面革或皮革制成的运动鞋，采用最昂贵的设计款式，可能需要40—50美元的生产成本，但零售价格是这个数字的6—10倍。运动鞋经营风险也低，它们不需要经历漫长的投产准备期、生产周期，也不需要分季节发布。设计师可以推出新的款式，对其进行全方位的包装推广，几周后再用相同的材质和相同的生产线以新的设计替换该款式。时装公司可以频繁提供限量版折扣，既鼓励买家为运动鞋收藏再添新品，又能最大限度地消化未售出的库存。

奢侈品运动鞋让时尚品牌得以将其配饰业务下渗到收入较低的群体。圣罗兰SL/01运动鞋标价495美元，圣罗兰黑色初剪羊毛棒球夹克售价为3000美元，该品牌的真皮手袋售价高达6500美元，双肩背包售价则为2500美元。预算有限的买家可以在飒拉购买大部分的衣服和配饰，同时购买SL/01运动鞋，这样仍然可以"穿圣罗兰"。

推动运动鞋潮流的另一个因素是在时尚运动鞋取得早期成功后，阿迪达斯、耐克和彪马（Puma）才恍然大悟——它们忽略了一个有价值的细分市场。如果迪奥和香奈儿能以四位数的价格出售运动鞋，那么其他品牌就有理由认为，传统运动鞋可以脱离运动功能而存在，成为价格更高的平价（甚至是高端）时尚。阿迪达斯运动鞋可以重新设计、经过升级之后卖到 350 美元或更高的价格吗？请明星、音乐家或艺术家代言，而非与运动员合作，能达到足够的"酷感"，让追求时尚的千禧一代接受运动鞋吗？

运动品牌遍寻时装设计师以实现合作。亚历山大·麦昆和侯赛因·卡拉扬（Hussein Chalayan）曾为彪马设计运动鞋，拉夫·西蒙斯（Raf Simons）曾担纲阿迪达斯运动鞋的设计师，马克·雅可布曾操刀范斯的运动鞋设计。2016 年，阿迪达斯先后与坎耶·韦斯特、法瑞尔·威廉姆斯（Pharrell Williams）、斯特拉·麦卡特尼和日本运动鞋品牌 Hender Scheme 合作，为运动鞋设计增添酷感。每次合作都取得了一定成功。

而真正一炮而红的合作是坎耶·韦斯特帮阿迪达斯完成的。其合作成果正是坎耶的签名运动鞋系列、老爹鞋和后来的 Yeezy Boost 350 系列。"Yeezy"这个名字来源于说唱歌手 Jay-Z 在 2003 年的一次演唱中给坎耶起的绰号"Kanyeeezy"，加上坎耶本人就有一个绰号叫"Ye"。至于"Boost"（意为"助推"）一词，阿迪达斯的解释是这款鞋能给跑步者补充能量。这些产品与坎耶的运动服饰系列同时推出。到 2017 年，坎耶的时尚酷风尚已经压过耐克的运动员形象代言模式。2020 年，《福布斯》报道称，坎耶每年通过 Yeezy 系列鞋款获得的版税收入就高达 1.6 亿美元。

坎耶创造了一种展示走秀款系列的新方法。他为 2016 年推出的 Yeezy 时装系列和运动鞋系列设计，先后在纽约麦迪逊广场花园和罗斯福岛举办了两场时装秀。麦迪逊广场花园的大秀要求购票入场，门票即刻售罄。这场由艺术家凡妮莎·比克罗夫特（Vanessa Beecroft）设计的时装秀，是有史以来时装秀上观众数量最多的一场。而罗斯福岛的大秀则吸引了《时尚芭莎》*GQ*《魅力》（*Glamour*）《名利场》《风格时尚》（*InStyle*）和安娜·温图尔主编的 *VOGUE*——这些杂志的报道无不提及运动鞋。一经麦迪逊广场花园大秀发布后，售价 350 美元的 Yeezy 350 鞋款在一天内全部销售一空。

　　分享一个有意思的内幕消息：在坎耶·韦斯特与阿迪达斯合作之前，他曾与耐克合作过三款运动鞋，取得了一定成功，特别是 2012 年发布的 Air Yeezy II，现在已经成为收藏级的鞋款。但他后来和耐克分道扬镳，因为耐克公司拒绝向他支付名人版税。耐克表示，他们只向职业运动员支付版税（后来耐克的态度有所缓和）。坎耶的回答是："我是一名表演运动员。"随后，他与阿迪达斯签约。2015 年 12 月，他发行了一首名为《事实》（*Facts*）的单曲，暗嘲耐克。

　　韦斯特保留了对 Yeezy 品牌名称的所有权——他的做法与迈克尔·乔丹不同，乔丹将名字的使用权转让给了耐克公司。作为品牌的所有者，据报道，对于批发的运动鞋产品，坎耶可获得的版税率为 15%，而乔丹从耐克公司获得的利润大约是 5%。2019 年，预计耐克的乔丹系列批发销售额将超过 30 亿美元。这意味着迈克尔·乔丹拿到大约 1.3 亿美元的税前版税。但坎耶拿不到这么多，不过也是很可观的一个数字。阿迪达斯 Yeezy 系列的销售额约为乔丹系列的一半，部分原因是阿迪达斯采用控制型分销模式，并不追求销售额最大化。

Yeezy 系列的成功，加上其限量发售的策略，导致其仿冒品频出，美其名曰"复刻鞋"。Yeezy 的复刻鞋售价 120 美元，而正品原装 Yeezy 350 系列在线上二手转卖市场的价格超过 1000 美元。坎耶设计的第一双运动鞋是 2007 年与日本服装制造商 A Bathing Ape 合作的鞋款，到 2019 年线上售价已高达 3000 美元。坎耶曾与音乐家法瑞尔·威廉姆斯联合为阿迪达斯设计了一款鞋，名为"PW Human Race NMD-TR"，2018 年有卖家在网上转卖，售价为 12500 美元。

2019 年，线上二手转售平台 StockX 的年销售额是 10 亿美元，其中大部分来自运动鞋的转售。2015 年前后，StockX 公司由抵押贷款商速贷（Quicken Loans）的创始人丹·吉尔伯特（Dan Gilbert）和合伙人乔希·卢伯（Josh Luber）创立，转售运动鞋、街头服饰和手袋。卖家确定"要价"，买家出价。当出价和要价匹配时，销售达成。StockX 是其经营范围内转售市场上规模最大的公司，此外至少还有其他 5 家公司也不可小觑。

2019 年 7 月，纽约苏富比进行了一场"顶级运动鞋收藏"（Ultimate Sneaker Collection）线上拍卖会，首次拍卖限量版运动鞋，共有 100 双。多伦多的收藏家迈尔斯·纳达尔（Miles Nadal）为前 99 件拍品成功出价 85 万美元。最后一件拍品是一双耐克的"月亮鞋"，这是耐克联合创始人比尔·鲍尔曼（Bill Bowerman）为准备 1972 年奥运会选拔赛而设计的，当时只生产了 12 双。纳达尔以 43.8 万美元（拍卖前的估价为 16 万美元）买下了这双"月亮鞋"。纳达尔共计投资 128.8 万美元拍下了这 100 双鞋，平均每双鞋将近 1.3 万美元。纳达尔表示，将在一个私人博物馆展示这些拍品。瓦妮莎·弗里德曼对拍卖结果这样评论："堪比 17 世纪的荷兰郁金香泡沫事件"。运动鞋的价格也从此开始一路高歌。坎耶·韦斯特在 2008 年格莱美颁奖典礼上穿的第一款 Yeezy 黑色皮革高帮运动鞋，于 2021 年 4 月在苏富比以 180 万美元的价格拍出。之前的纪录是 56 万美元，2020 年由一双迈克尔·乔丹亲笔签名的耐克 AJ1 比赛用鞋创下该纪录。

为了给运动鞋增添酷感，运动鞋公司皆有备而来，不惜斥巨资、费大力气，才有这样一个令人咋舌的案例。阿迪达斯曾试图与巴塞尔迈阿密海滩艺术博览会"合作推出"一款运动鞋。2017 年 5 月，巴塞尔国际艺术博览会（Art Basel）在佛罗里达州法院起诉阿迪达斯商标侵权，称阿迪达斯在 2016 年 11 月制造、推广并免费分发 1500 双限量版 EQT 运动鞋，鞋舌上在阿迪达斯品牌标志的旁边印有"ART BASEL"字样。鞋子的标签上也有巴塞尔国际艺术博览会的名字。这是在未经博览会或其母公司 MCH 集团许可的情况下发生的事情。博览会确实将商标授权给了宝马、爱彼手表和大卫杜夫雪茄，但每个品牌都有合同在先并支付了费用。在博览会开幕前的两场舞蹈表演中，舞者和观众可以免费获得运动鞋。*Hypebeast* 杂志和博客上已对此进行相关报道，甚至还刊登了图片。巴塞尔国际艺术博览会一方要求法院判处"3 倍的损失赔偿金，销毁所有剩余的运动鞋并赔偿'其他慰问费'"。

阿迪达斯却不知怎么由此得出结论：在运动鞋上印巴塞尔国际艺术博览会的名称和标志带来了文化口碑，证明即便商标侵权亦无不可。阿迪达斯宁愿为他们在促销活动中赠送的运动鞋买单，无非支付数千美元的律师费和罚款。

为什么呢？因为巴塞尔国际艺术博览会不会出售任何品牌的商品。即使卖的话，正经的艺术品收藏家也不会买——自然也就不会被人看到穿着巴塞尔国际艺术博览会标志的运动鞋。如果标示再弄得更大更显眼一些，那就会成为一种低配版的路易·威登与昆斯联名的蒙娜丽莎包。也许这些运动鞋是为那些追求酷感的非艺术界人士准备的，他们认为"Art Basel"象征着一种理想的生活方式。大概是因为阿迪达斯相信运动鞋赠品的宣传方式值得一用，2017 年 11 月，双方宣布庭外和解。如果其中有金钱交易的话，也并未在法庭文件或新闻报道中披露。

05

时尚带头人

设计师

我想展示的不是我的衣服，而是我的态度，我的过去、现在和未来。

——拉夫·西蒙斯 时尚总监

服装设计是一项血腥的运动。奢侈品时尚和高端时尚设计师要设计充满创意的新款式、定期张罗时装秀、向顾客和媒体展示推广时尚品牌，还要对营业收入和盈利目标负责。其中还有少数一部分设计师要额外负责战略规划、预算制定，甚至负责招聘工作。尽管扮演着这些多重职能，但大多数设计师享受的明星效应远不如昔日的前辈，而且他们的角色被认为是可以替代的，远不如品牌的传统和地位重要，只有少数设计师例外。

20 年前，则是另一番光景。设计师卡尔·拉格斐、伊夫·圣·罗兰和瓦伦蒂诺都是统治着各自时尚帝国的超级巨星。他们掌握着一家时尚品牌几乎所有的决策权。如今，只有少数设计师拥有这种权力——比如品牌所有者兼设计师斯特拉·麦卡特尼、爱马仕的创意总监纳德热·万希 – 西布尔斯基（Nadège Vanhee-

Cybulski）。更常见的是，时装公司的创意业务和管理职能是分开的，设计师的支出需要得到公司高管的批准，而这些高管的背景可能和时尚并不沾边。

本章简要介绍三位设计师——卡尔·拉格斐、亚历山德罗·米歇尔和拉夫·西蒙斯。这三位设计师都有着精彩的故事，而他们的故事是创意总监的角色演变历程和奢侈时尚行业变迁史的注脚。

卡尔·拉格斐在本书前面讲时装秀奇观的章节时提到过，他办的那几场秀的布景吸引的媒体报道比 T 台上的时装吸引的还要多。时装秀的布景有室内沙滩、从瑞典运来的正在消融的冰川、火箭发射台和香奈儿品牌超市。这些时装秀都在大皇宫举行，这是他在巴黎最喜欢的场所。

卡尔·拉格斐于 1933 年出生在德国汉堡，原名卡尔·奥托·拉格斐（Karl Otto Lagerfeldt）。他把自己的姓氏从 Lagerfeldt 改成了 Lagerfeld，据他表示，这是因为后者"更商业化"。16 岁时，拉格斐移民到巴黎。他没有上过艺术或时装学校，但在 21 岁时，他通过外套和裙装赛道，向国际羊毛秘书处主办的竞赛（现在称为"国际羊毛标志大奖"）提交了作品。他赢得了外套类大奖，并在裙装类奖项中位列第二，仅次于另一位新兴设计师伊夫·圣·罗兰。

拉格斐为皮埃尔·巴尔曼（Pierre Balmain）做了 3 年的设计学徒，然后为让·巴杜（Jean Patou）做了 5 年的设计师。之后，他曾为查尔斯·卓丹（Charles Jourdan）、芬迪和蔻依做兼职设计师。1983 年，香奈儿的所有者韦特海默家族向拉格斐抛来橄榄枝，请他管理香奈儿品牌的各项业务。当时的香奈儿品牌早已不似 20 世纪早期那般创意十足，其服装设计反而被人们认为是乏味无趣的。拉格斐后来同意与香奈儿和芬迪签订终身合约。40 年来，他为这两个品牌以及自己的品牌设计作品，平均每年推出 14 个新系列。

当他接管香奈儿时，还没有我们今天所知的全球奢侈品品牌。每家时尚公司都根据世界各国不同情况，争取获得跨国经营许可认定。拉格斐回购了许可证，将香奈儿变成一个集中管理的全球品牌。其他著名设计师纷纷仿而效之：路易·威登的马克·雅可布、迪奥的约翰·加利亚诺、圣罗兰的汤姆·福特、纪梵希的里卡多·提西，以及葆蝶家的汤马斯·麦耶。

可可·香奈儿缔造了一个神话，成为香奈儿品牌的一部分。拉格斐充分利用了可可·香奈儿的个人历史和人生故事，以及该品牌丰富的标志性单品和图案——比如粗花呢夹克、绗缝包、珍珠串、圈绒织物（bouclé）绒布和交织的双 C 标志。这些都与可可·香奈儿的传奇人生有着"人为"的联系。当香奈儿推出珠宝系列时，他们通过"可可精神"进行推广——忽略了她在职业生涯中几乎不戴珠宝的事实。

拉格斐将香奈儿所有的促销活动都聚焦在最负盛名的产品上，对其化妆品和香水从不降价。香奈儿品牌和网红合作仅限于后者，从未在时装板块通过网红进行宣传推广。

拉格斐还打造了一个摇滚明星人设。拉格斐的"造型"就是他的商标——许多人即使并不了解他与香奈儿或芬迪的关系，但仍会一眼认出他就是"那个著名的设计师"：上浆的衣领、量身定做的仙狄仕金（Hilditch & Key）白色衬衫、黑色牛仔裤或深色西装、无指皮手套、银灰色的马尾辫、黑色墨镜、克罗心（Chrome Hearts）品牌的首饰。他喜欢喝健怡可乐，经常用巴卡拉（Baccarat）的水晶水杯来喝。软饮公司把他的剪影印在可乐罐上。2014 年，玩具制造商美泰（Mattel）公司生产了一款卡尔·拉格斐的限量版芭比娃娃，售价 200 美元，45 分钟内就卖光了。

拉格斐 2001 年因公开减肥而备受关注，他在一年内减掉了42 公斤。事实上，促使他减肥成功的动力正如他自己所言。拉格斐说，"我想……穿艾迪·斯理曼（当时在路易·威登品牌）设计的衣服""但这些时装是为非常非常苗条的男孩——而不是我这个年龄的男人——设计的，我需要减掉至少 40 公斤才能穿上"。

拉格斐重塑了一个传统品牌，创造了一个新的时尚商业模式，还精心策划了多场时装秀，因而被人们铭记。即使在 2008 年金融危机后的经济衰退期间，大多数奢侈品公司都削减了开支，但他仍然对 T 台走秀的高额预算拥有最终决定权。他知道精致而复杂的展示不会与千禧一代或那些刚刚失业的人产生共鸣。他只是猜测，当千禧一代成熟了、经济复苏之时，所有人都会接受香奈儿。2020 年，该品牌对于经济复苏之后市场和奢侈品时尚回归到原本水平，同样持乐观态度。

当拉格斐接管香奈儿时，要不是靠香水和化妆品生产线的利润，该公司可能已经陷入财务困境了。拉格斐的模式是让处在香奈儿品牌业务金字塔顶端的高定时装重振雄风，然后在高定时装之下开发多个层次的产品，都通过香奈儿这个品牌获益。高定时装之下是成衣，这座金字塔越往下会变得越宽，从配饰、香水和美妆产品到低至 30 美元的指甲油。虽然大多数人买不起香奈儿的高定时装和成衣，但该品牌可以从那些想要一点香奈儿光环的消费者那里获得配饰和美妆产品的高额利润。

拉格斐的天才之处在于，他能够在金字塔底层提供口红和其他香奈儿产品的同时，还能保持这种独特性的光环。本书在前面举例说明了一些品牌在试图开发低端时尚市场时失去了其独特性和品牌价值。许多时尚公司都曾尝试过利用多个副线品牌来吸引不同的买家。但是在同一品牌下同时经营多个市场的能力，只有路易·威登可以与香奈儿媲美。

卡尔·拉格斐是他那个时代最高产的设计师，他凭一个人的职业生涯塑造了现代奢侈品时尚产业。他从不在现金流或存货周转上打转。拉格斐于 2019 年 2 月在巴黎去世。有评论家称，他的职业生涯的结束标志着一个自由而不受约束的设计师时代的终结——不过亚历山德罗·米歇尔是个例外，下面来讲这位时尚宠儿和摇滚明星的故事。

近期奢侈品时尚界最引人注目的新闻便是古驰在亚历山德罗·米歇尔的带领下得以重塑。米歇尔出生于罗马，出任古驰创意总监时 43 岁，当时的他在时尚界还没有那么大的名气。从他的时尚背景来看，确实师出名门。米歇尔在罗马服装学院学习过服装设计，后来加入了意大利针织品品牌莱·卡门（Les Copains），再后来到芬迪在卡尔·拉格斐和西尔维娅·文图里尼·芬迪（Silvia Venturini Fendi）手下工作。

2002 年，汤姆·福特聘请他为古驰设计手袋。在古驰设计工作室的 13 年里，米歇尔在多个岗位工作过。2011 年 5 月，他成为创意总监弗里达·贾娜妮（Frida Giannini）的助理。到 2014 年年底，时尚评论家和消费者都在讲贾娜妮的设计已沦为汤姆·福特早期设计的翻版，甚至还更显平庸。古驰的销售业绩停滞不前，2014 年 12 月，贾娜妮离开了古驰。

大概就是在此时，马可·比萨里（Marco Bizzarri）成为古驰的总裁兼首席执行官。他的首要任务是找人接替贾娜妮。最显而易见的选择应该是时尚界的著名设计师——人们常挂在嘴边的有让纪梵希焕发活力的里卡多·提西、当时执掌圣罗兰的艾迪·斯理曼，还有一个选择就是重新启用已经创立自己品牌的汤姆·福特。对比萨里和古驰来说，名设计师原本是最稳妥的选择。

在遍寻人才的过程中，比萨里采访了米歇尔。即使米歇尔也在最初的候选人名单上，但排名很靠后。因为曾在贾娜妮手下工作过，他的个人设计资质并没有得到很高的认可。于是比萨里联系米歇尔要进行采访，比萨里心想："为什么不呢？"

采访后，比萨里说道："当我听他讲话时，我就深知原来他就是古驰。他已经与古驰品牌一同走过多年的历程，了解它的历史。他懂服装，懂顾客，还懂业务。"比萨里和米歇尔一致认为，古驰必须回归时尚创新者的行列。是比萨里让米歇尔一上来就连办两场秀，并且让他专心设计新款，而不必担心商业接受度的问题。

仅用 5 天，米歇尔便筹备好他的男装处女秀。在古驰，这是有可能的，事实上，团队中有 70 名设计师。服装秀上展示的服装可男可女，这种造型很快被其他时装公司效仿。这些服装和造型与几个月前各家时装公司为这一季生产的服装毫无关系，却一经生产，迅速在门店销售，比其广告宣传的发布时间要早得多。时装秀上的服装的使命在于吸引时尚媒体报道，并为品牌确立新的设计方向。买家、时尚媒体和公司内部人士都对这场秀大加赞赏，尽管许多人对于时尚界是否能接受他的性别拉伸[1]（gender-stretching）美学仍然存疑。

对比萨里来说，这一场演出就足够了。两天之后，他任命米歇尔为创意总监，负责古驰的所有系列和品类以及全球品牌形象经营，但不负责预算。他还从华伦天奴挖来雅格布·文图里尼（Jacopo Venturini）管理商品销售和门店装潢。

几个月后，米歇尔推出了他的第一个女装系列。他让男模特穿上女装，再次体现了性别流动性的主题；采用长袖、高领和过膝裙等元素，叠加一种为成熟女性服务的设计美学。这场秀在媒体中也收获好评如潮。

2015 年 11 月，英国时装协会（British Fashion Council）授予

1　性别拉伸是指打破对男性、女性传统形象思维定式的两性印象。

米歇尔国际设计师大奖（International Designer Award）。2016 年，他获得了美国时装设计师协会（Council of Fashion Designers of America）的国际设计大奖，该奖项堪称时尚界的奥斯卡。同年，米歇尔还斩获了英国 GQ "年度最佳设计师"奖。2017 年，米歇尔跻身 Hypebeast 发布的 "HB 100" 榜单，该榜单是授予时尚界最具影响力的前 100 名人物的一项殊荣。

如今最畅销的意大利时尚品牌古驰在 2019 年表示，其品牌目标是"在几年内"实现 100 亿欧元的年度营收目标——而米歇尔接手前一年的营收是 35 亿欧元。

2020 年 5 月，米歇尔呼吁重整时尚体系，并将新模式延续下去。他说，古驰每年举办的时装秀数量将从 5 场减少到 2 场——不再举办春前秀、秋后秀或度假系列时装秀。古驰还将取消男装和女装的区别。二者将同时出现在秀场，彰显性别流动性和包容性。

米歇尔似乎不费吹灰之力，就荣登时尚界顶尖人物的宝座。我最喜欢《纽约时报》瓦妮莎·弗里德曼对他的描述。2020 年 2 月的时装秀——米歇尔办的最后一场秀——之后，瓦妮莎写道："（他）穿着白色 T 恤和红色格子衬衫、翠绿色灯芯绒裤，光彩照人，就像圣诞老人的工作间里来自边远地区的难民，引发人们对宗教、生育、费里尼电影和物理的自由联想。秀场也有着马戏团的感觉，还有礼拜仪式。"

2016 年 8 月，卡尔文·克莱恩的首席执行官史蒂夫·希夫曼

（Steve Shiffman）任命拉夫·西蒙斯为该品牌的首席创意官。西蒙斯曾为吉尔·桑达和迪奥做过服装设计。看到马可·比萨里将亚历山德罗·米歇尔的设想商业化后，希夫曼希望复制古驰的成功模式。

西蒙斯负责管理卡尔文·克莱恩多个系列的创意战略，包括男装和女装、铂金版香水、牛仔裤、内衣和家居品牌，以及卡尔文·克莱恩品牌本身。他要重新设计服装，调整营销广告，重新布置门店。自卡尔文·克莱恩亲自领导公司以来，这些职能还从未交由一个人执掌。

显而易见，西蒙斯推动卡尔文·克莱恩向平价转型的一个动机是对品牌实现更有力的全面控制，尽管该品牌有高端产品线和时装周发布机制。卡尔文·克莱恩的规模从过去到现在一直都很大，但销售额主要来自内衣和牛仔服饰，其中大部分由授权的第三方合作伙伴生产。另一个动机则是西蒙斯获得的薪资，据报道每年有 1000 万美元。

西蒙斯于 2017 年 2 月为卡尔文·克莱恩办的第一场时装秀大受好评。《纽约杂志》评论称，"这是几十年来最受期待的时装秀，堪称精彩纷呈"。2017 年，西蒙斯设计的秋季系列还没来得及送往门店销售，他便赢得了美国时装设计师协会的男装、女装设计师奖。2018 年，他再次获得女装"年度设计师"奖。

2017 年 9 月，他办的第二场秀融合了当代美国艺术家安迪·沃霍尔的作品。西蒙斯开始着手重塑卡尔文·克莱恩的品牌形象，他说服史蒂夫·希夫曼，获得了沃霍尔所有作品的 3 年授权许可。至于卡尔文·克莱恩为许可权花了多大价钱，则无人透露。卡尔文·克莱恩母公司休森集团（PVH）的首席执行官伊曼纽尔·基里科（Emanuel Chirico）抱怨说，与安迪·沃霍尔基金会的合作对卡尔文·克莱恩的受众来说太高雅了，不过虽然不情愿，他仍然同意了。

西蒙斯重新设计了卡尔文·克莱恩的内衣系列，融入了沃霍尔导演的电影《吻》（*Kiss*）的影像。他把沃霍尔的花卉画放在牛仔裤和牛仔夹克上，把沃霍尔电椅系列的画像放在裙子上。西蒙斯认为，当讨论时尚中的艺术化时，开发这种关系的是设计师，而不是艺术家。他将与沃霍尔的结合看作美国两大偶像的联手——前提是你要把卡尔文·克莱恩品牌也看作一个偶像级品牌。

在他的第三场秀中，西蒙斯让艺术家斯特林·鲁比（Sterling Ruby）打造了一个这样的环境：前美国证券交易所的布景、齐踝深的爆米花堆、啦啦队长的绒球装饰，模特们在其间傲然穿行。鲁比还为卡尔文·克莱恩的麦迪逊大街店设计了一个装置。爆米花和艺术给西蒙斯的形象和品牌形象都增添了酷感。2017 年，纽约 A$AP MOB 潮流天团发布了一首名为 *RAF* 的歌曲，拉夫·西蒙斯这场秀的成功可见一斑。

2018 年年中，因销售额和利润低于预期，卡尔文·克莱恩不再让西蒙斯插手营销事务。公司聘请了欧莱雅集团资深人士玛丽·古林 - 梅勒（Marie Gulin-Merle）担任首席营销官。古林梅勒表示，将把春季季度的广告预算全部花在数字广告上。半年后，该公司宣布将与西蒙斯分道扬镳，"卡尔文·克莱恩公司确定了一个新的品牌方向，这不同于西蒙斯的创意愿景"。伊曼纽尔·基里科说，"虽然许多品类表现良好，但我们对卡尔文·克莱恩 205W39NYC 这项光环业务[1]的投资回报不足感到失望"。

西蒙斯曾将卡尔文·克莱恩这个奢侈品品牌名改为 205W39NYC，即该品牌总部的地址，并在推广中突出强调这个新名称。这是一个大多数人都很难记住的名字。2018 年，205W39NYC 占该品牌推广费用近 25%，但销售额仅占整体销售额的 4%。下线 205W39NYC 意味着放弃光环业务。现在卡尔文·克莱恩的高端系列是牛仔系列。该公司还取消了后续的时装秀，并宣布以后也不再办秀。

2020 年 11 月，为了向街头服饰和休闲运动服饰转型，进一步迎合千禧一代需求，卡尔文·克莱恩任命杰西卡·洛马克斯（Jessica Lomax）为品牌全球设计总监。此前洛马克斯供职于耐克，是该公司运动女装的高级创意总监。

西蒙斯时代过后，卡尔文·克莱恩发布的第一批时装视频主打的是内衣。其中一个视频由歌手肖恩·蒙德兹（Shawn Mendes）和比莉·艾利什（Billie Eilish）演唱。另一个视频里，模特贝拉·哈迪德拥抱了电脑生成的网红莉尔·米克拉。

拉夫·西蒙斯回到布鲁塞尔继续指导自己品牌的男装系列。

1　即重点放在吸引媒体关注的高端知名系列上，以此推动平价牛仔裤、内衣、配饰和香水的销售。

2020 年在时装周期间，有消息称，他将加入普拉达，与该品牌创始人缪西娅·普拉达一起担任联合创意总监——但对普拉达的营销没有决策权，只负责设计。

有一条新奇的消息要补充一下，西蒙斯的合作者斯特林·鲁比——其巨幅绘画、拼贴画和多媒体雕塑被纽约现代艺术博物馆、古根海姆博物馆、惠特尼美术馆和泰特美术馆永久收藏——在西蒙斯被解雇后，决定通过推出自己的品牌挖掘自己的时装设计才能。这颠覆了通常的"时尚拥抱艺术"。在鲁比之前，还没有著名视觉艺术家在时装设计师的职业生涯中获得成功。

鲁比在佛罗伦萨的 Pitti Uomo 时装周上展示了他的新时装系列，名为"S.R. Studio L.A. C.A"。他展示了男装、女装、鞋履和手袋。他设计的 T 恤和牛仔裤售价在 400 到 500 美元之间。男士真丝衬衫售价 1700 美元。独一无二的单品，比如拼贴牛仔披风搭配牛仔裤，价格高达 4 万美元——相当于一件香奈儿高级定制礼服。在定价方面，鲁比并没有与其他时尚品牌的价格比，而是与他的大型织物雕塑的价格比，这些雕塑的价格高的甚至超过 10 万美元。鲁比的时装系列悉数脱销，首先售罄的还是昂贵的款式。

安娜·温图尔和*VOGUE*

她是时尚业的总统。

　　　　　　——鲍勃·索尔伯格（Bob Sauerberg）康泰纳仕出版集

团首席执行官

她会让你知道，若你不能按她心意做事，并不是什么问题。但如果你能做到，她会很愿意用自己主编的杂志来支持你。

　　　　　　　　　　　　——弗朗索瓦·皮诺特　开云集团首席执行官

驱动着奢侈品时尚界滚滚向前的，是时尚品牌的所有者和创意总监。不过有这样一个人，她占据时尚界的另一隅，大多数观察家称她是时尚界三位"最有权力"的人之一——有些人甚至会将她排在第一。

安娜·温图尔是美国时尚杂志*VOGUE*的主编，也是时尚界的女主角。她通常扮演着终极裁判的角色，从时尚的角度裁决着时装秀、新生代设计师和明星出席重要场合的礼服。温图尔从

1988 年开始执掌 *VOGUE* 杂志，接替格蕾丝·米拉贝拉（Grace Mirabella）担任主编。2021 年，时年 72 岁的她已经在 *VOGUE* 做了 33 年的主编。这么说可能有点抽象，温图尔担任 *VOGUE* 杂志主编那一年，英国首相是撒切尔夫人，亚历山大·麦昆还在时装学校上学。

美国人亚瑟·鲍德温·特努尔（Arthur Baldwin Turnure）于 1892 年创办了 *VOGUE* 杂志。这是一种主要面向"风流人物"的周刊。对于缺乏英国式传统阶级规则的美国观众来说，*VOGUE* 填补了一个空白，为指导社会精英的行为方式和消费习惯发出权威声音。1909 年，企业家康泰·纳仕（Condé Nast）收购了 *VOGUE*，之后几经变革，*VOGUE* 终于成为女性的时尚教科书。

温图尔墨镜加波波头的造型很具有识别度。众所周知，她是纽约大都会艺术博物馆时装学院慈善舞会（Met Gala 或 Met Ball）的主持人。这可是纽约的年度派对，堪称"东海岸的奥斯卡颁奖典礼""时尚界的超级碗"[1]。作为美国最重要的年度时尚活动，它的重要性甚至压过了奥斯卡颁奖晚会。舞会要求正式着装，于每年五月的第一个周一举办——2020 年和 2021 年例外。

美国的文化盛事中，Met Gala 一票难求，不仅因为这张邀请函已成为地位的象征，还因为温图尔作为策划决定了哪些公司可

1 　超级碗（Super Bowl）是比赛的名称，指NFL职业橄榄球大联盟的年度冠军赛，胜者被称为"世界冠军"。在这里作者是比喻这场派对的重要性及权威性。

以订购桌席、哪些人会收到邀请。她甚至决定着每个嘉宾的座位安排。每年她都会邀请一些新兴设计师免费参加活动，目前也只有这部分人可以免费入场。她是大都会艺术博物馆的董事，该博物馆里专门设有一个以她的名字来命名的侧厅。

至于那些没有获得温图尔邀请的人，原因不一而足，或功不配位，或媒体报道不足，或近期有丑闻恶行。而经常受邀的嘉宾有黛安·冯芙丝汀宝（Diane von Furstenberg）、汤姆·福特、娜奥米·沃茨（Naomi Watts）、斯特拉·麦卡特尼、深夜电视节目主持人斯蒂芬·科拜尔（Stephen Colbert）、橄榄球四分卫汤姆·布拉迪（Tom Brady）和切尔西·克林顿（Chelsea Clinton）。

2019 年，有 590 人参加 Met Gala。候补名单上有 500 人，新的参加者通常是被选择的，并不会被破格邀请。一张门票价值 3 万美元（2020 年的票价则提高到 3.5 万美元），一张 10 人桌的门票价值 28 万美元。一件女式高定礼服的价格可能和一张票的价格不相上下，设计师赠送的则另当别论。一对情侣共同出席舞会，一晚上的总花费可能接近 10 万美元，其中包括基本必须入住的瑰丽酒店（Carlyle）或马克酒店（Mark）的费用。

这对情侣中的男士可以穿着租来的礼服参加活动，只要质量好就可以。明星们作为某时尚品牌的嘉宾出席活动，无论男女都会穿戴该品牌的服饰。时尚设计师通常盛装出席，并且邀请明星或模特作伴，他们和身上的服装更有可能吸引媒体的聚光灯。

Met Gala 是大都会艺术博物馆时装学院的募捐活动。当大都会艺术博物馆最初考虑设立时装学院时，博物馆的董事会认为，对于一个严肃的文化机构来说，增设时装部门显得有点"不务正业"。它最终还是批准设立该机构，但有一个前提条件——时装学院不能像其他博物馆策展部门那样接受博物馆资助。2019年，Met Gala 为时装学院募集了 1300 万美元。而西海岸的类似活动——洛杉矶县立艺术博物馆的电影与艺术盛典（Art + Film gala）则募集了 460 万美元。

温图尔在 1999 年成为 Met Gala 的最高指挥官。她把这个重要的慈善活动变成了时尚界、商界、政界、娱乐界的豪富、权贵、名流每年必定光临的聚会。唐纳德·特朗普曾在 2004 年的 Met Gala 上向梅拉尼娅·克纳夫斯（Melania Knavs）求婚。《纽约时报》关于克纳夫斯接受求婚的内容，湮没在有关晚会其他活动的诸多报道中。

Met Gala 的举办，标志着时装学院在大都会艺术博物馆的年度大展正式开幕。2018 年的展览名为"天体：时尚与天主教的想象"，由黑石集团创始人史蒂芬·施瓦茨曼出资 500 万美元赞助。派对和展览的主持人是温图尔和她邀请的三位女士：蕾哈娜、多娜泰拉·范思哲和阿玛尔·克鲁尼。嘉宾们登上博物馆台阶上的红毯和白色帐篷。摄影师和记者都必须打黑色领带，分列楼梯两边的指定位置。

2018 年的展览尤其具有新闻价值。该展展出了从梵蒂冈西斯廷教堂收藏室借来的 50 件衣服。借贷申请中称，这些艺术品是为了促进"时尚与中世纪艺术杰作之间的对话……研究时尚与天主教的宗教实践和宗教传统之间绵亘不绝的联系"。这些宗教服饰与大都会艺术博物馆收藏的现代服装一并展出。

截至 2018 年 8 月闭幕时，天体展共吸引 166 万名游客，平均每天近 1.1 万人（包括第五大道的展厅和大都会博物馆修道院分馆的续期展览）。这是大都会艺术博物馆 148 年之久的历史上参观人数最多的展览，也是 2018 年世界上参观人数最多的博物馆办展览。此前这两项纪录的保持者分别是 1963 年展出的《蒙娜丽莎》和 1978 年展出的《图坦卡蒙的宝藏》，分别有 107.7 万名参观者和 136.1 万名参观者。

Met Gala 的嘉宾们按照展览的"礼拜天最佳着装"主题穿搭打扮，激发出各式各样的创意。温图尔穿着"鲜红色的香奈儿套装"，脖子上挂着一串十字架钻石项链。蕾哈娜穿着一件镶有珠宝和十字架的约翰·加利亚诺品牌珠饰套装，头戴主教法冠。莎拉·杰西卡·帕克戴着一顶描绘耶稣诞生场景的头饰。现场随处可见穿教士袍、戴拜占庭光环的嘉宾。其他服装则无非教皇白和主教紫色系。当晚最精彩的看点是当天参加聚会的詹姆斯·马丁神父，他是一位耶稣会士，许多嘉宾赞美他"你看起来如此真实"。

嘉宾们在大都会艺术博物馆的红毯上摆完姿势，前去参观展览，随后参加鸡尾酒会，接着去吃晚宴。走进入口红毯之后，媒体记者中只有 VOGUE 的作家和摄影师可以入内。一旦进入博物馆，嘉宾们便不能在社交媒体上发帖。至少有一名嘉宾曾因为发了餐厅场景的照片而被禁止参加日后的 Met Gala。VOGUE 的编辑人员引导客人就座，然后拍摄视频并发布博客。活动结束一周后，*VOGUE* 会出一期特刊报道这一盛事，重点强调每位名人所穿的时尚品牌。

2018 年上映的电影《瞒天过海：美人计》（*Ocean's Eight*）中选取了一个关于 Met Gala 的场景，其中桑德拉·布洛克（Sandra Bullock）说服卡地亚借给她一条贵重的项链，打算在舞会上戴，结果项链在现场被偷了。安娜·温图尔在影片中客串了一个角色——此前温图尔为配合拍摄，安排大都会艺术博物馆的工作人员关闭了两个画廊。

温图尔的影响力已蔓延至整个时尚界。她为时尚公司首席执行官、设计师和各大时尚零售商提供咨询。希望成立独立品牌的设计师为寻找潜在投资者而向她寻求建议。她为路威酩轩集团、开云集团和其他时尚集团参谋设计师的任命事宜。瓦妮莎·弗里德曼说，温图尔帮马克·雅可布获得了路易·威登的工作，还为约翰·加利亚诺遭迪奥解雇、被法国法庭判为仇恨犯罪后恢复社会名誉减少许多阻力。她宣传了纽约设计师宠儿的作品，包括吴季刚、拉扎罗·埃尔南德斯（Lazaro Hernandez）和约瑟夫·奥图扎拉（Joséph Altuzarra）。弗里德曼说，他们的部分设计奉行的美学理念就是"取悦安娜"。

2018 年的 Met Gala 上，斯嘉丽·约翰逊（Scarlett Johansson）穿了一件玛切萨（Marchesa）品牌的露肩红色礼服并引起媒体关注，这也得到了温图尔的认可。

在 Met Gala 过去两天后，安娜·温图尔亮相斯蒂芬·科拜尔的晚间秀，在节目中提到了玛切萨礼服和她对设计师查普曼的支持。第二天早上，Vogue.com 网站便发表了六月刊的主编卷首语，其中最后一句话是"……因为（她丈夫的行为）而责怪她……是错误的"。温图尔的卷首语发布两天后，《纽约时报》发表了一篇题为《重现荣光的玛切萨》（*The Rehabilitation of Marchesa*）的长文。

2003 年劳伦·魏丝伯格（Lauren Weisberger）出版的小说《穿PRADA 的女魔头》（*The Devil Wears Prada*）中，就有一位盛气凌人的时尚杂志主编，人们认为该角色以安娜·温图尔为原型。小说讲述的是一个年轻的大学毕业生获得纽约时尚杂志主编助理工作的故事。魏丝伯格曾在 *VOGUE* 杂志为温图尔做了 11 个月的助理。这本结合她的经历，半虚构出来的小说被翻译成 40 种语言，发行超过 300 万册，并被改编成电影，其中主编这个角色由梅丽尔·斯特里普（Meryl Streep）饰演。这本书和同名电影向全世界介绍了温图尔和时尚产业的运作原理。

纪录片《九月刊》（*The September Issue*）记录了温图尔在2007 年办当年最大的一期杂志的全过程。到目前为止，《九月刊》仍保留着广告版面最多和读者数量最多的纪录。2007 年的这一期杂志有 727 页广告，是有史以来最多的一期。2019 年的杂志广告数量是其一半。*VOGUE* 多年来一直是康泰纳仕最赚钱的美国出版物，而 2020 年最赚钱的是《纽约客》。

广告基数的萎缩并不是 *VOGUE* 独有的现象，时尚杂志的平面广告普遍下滑。Teen *VOGUE*，即 *VOGUE* 青少年版，2017 年开始仅发行数字版杂志，《魅力》2019 年年初开始仅发行数字版。

《W》杂志缩减到一年 8 期，之后被康泰纳仕出售处理，到 2020
年 3 月也放弃了纸质版。《17 岁》(Seventeen) 杂志则只出版特刊。

几十年来，印刷预算一直与消费者在时尚媒体上花的时间不
成比例。2011—2015 年，美国人的媒体阅读时间分布：4% 在印
刷品，20% 在个人电脑，28% 在移动设备。不过 2017 年，时尚推
广预算中用于线上媒体而非印刷媒体的费用首次超过一半——线
上部分主要用于支付给网红的广告费。

之所以会出现这种失调的现象，一个原因是时尚品牌和杂志
编辑之间的钩心斗角由来已久。除非购买广告版面，否则一个品
牌通常无法让杂志为自己写评论文章。参加时装秀并进行报道是
媒体回报广告商的另一种方式。时尚公司纷纷在厚厚的《九月刊》
上做广告，因为它们和高端竞争对手几十年来一直都是这样做的，
而读者对此抱有期待。

VOGUE（和其他时尚杂志）惩罚品牌的方式是将其排除在
外。芭芭拉·艾米尔（Barbara Amiel）夫人在她 2020 年出版的
《朋友和敌人》(Friends and Enemies) 一书中讲述了安娜·温图
尔邀请她为八月"年龄特刊"拍照的事，不同女性各自代表 20—
80 岁人生阶段的每个十年。艾米尔代表了 60 年代，她要求穿圣
罗兰时装，却得知杂志做不到。在 VOGUE 发布了一篇圣罗兰的
负面（但人们普遍认为是准确的）评论后，圣罗兰的时装秀禁止
VOGUE 人员入内。而 VOGUE 的回应是在其杂志中全面封锁圣
罗兰。

印刷杂志的发行量掩盖了两个不同的趋势。2019 年，美国版

VOGUE 纸质杂志的订阅量略超过 100 万（VOGUE 中国版的总读者数超过 200 万）。美国 2019 年的报刊亭零售发行量约为 10 万册，这个数字在下降。广告商认为，报刊亭销售量比订阅量更能体现读者的兴趣和关注度，因为订阅量往往只能反映出习惯性购买行为。

除了他们对数字媒体的偏好之外，千禧一代也是精美杂志发行量下降的关键因素。许多千禧一代鄙视赤裸裸的消费主义，鄙视充斥在时尚出版物页面上的那些无名模特的精修美图和美丽的模特。

温图尔刀枪不入。2020 年 6 月，媒体对康泰纳仕、VOGUE 和《时尚芭莎》的种族歧视大加挞伐。《时尚芭莎》的主编因此离职，由萨米拉·纳斯尔（Samira Nasr）接任，她是第一位执掌该杂志的有色人种女性。安娜·温图尔公开道歉，承认 VOGUE 杂志发表了"有害、偏狭"的内容，没有为黑人人才提供支持。"我知道……VOGUE 还没有找到适当的方法来提升黑人编辑、作家、摄影师、设计师和其他创作者的待遇，或给予他们充分的发展空间"。2018 年，泰勒·米切尔（Tyler Mitchell）成为第一位拍摄 VOGUE 封面的黑人摄影师。他被选中的原因——至少部分原因——是因为主题是碧昂丝。《纽约时报》刊登了一篇措辞严厉的文章，标题是《安娜·温图尔能在社会的正义运动中幸存吗？》康泰纳仕首席执行官罗杰·林奇（Roger Lynch）迅速澄清：温图尔不会辞职。

VOGUE 承诺，杂志态度将更加包容，这引出了一个很好、很讽刺的问题：有哪本杂志能包容且呈现"烹饪时穿香奈儿便装"？答案当然是，这是 *VOGUE* 广告商的目标受众。

2020 年年末，温图尔被任命为除《纽约客》之外的所有康泰纳仕集团出版物的全球编辑总监，获得对 30 个国家的市场中出版物的最终决定权。

鉴于温图尔是时尚的仲裁者、不安全感的化解者和社会地位的裁判员，问题是有朝一日当她要离开杂志时，谁来担任这些角色？而当她离开的时候，*VOGUE* 或者 Met Gala 会发生什么变化？其他人也许能夺走温图尔的头衔，但她作为主编和仲裁者所拥有的文化、金融和政治权力永远不会被复制。

06

变革

中国世界第二——且仍在增长

> ……美有很多种。在中国，大家说我有"气质"，"气质"
> 是指一种光环、一种强烈的存在感。关键并不在于我的样貌。
>
> ——刘雯　中国超模

在我与时尚界人士的各种讨论中，总有一个话题会不自觉地不断浮现：中国。这个国家是驱动奢侈品时尚增长和变革的中心。几十年来，时尚观察家关注的重点一直是米兰、巴黎、伦敦和纽约的时尚集团、服装设计和时装秀，以及欧洲和北美的市场。如今，无论设计还是营销都必须关注中国。

奢侈品在中国的发展壮大体现在很多方面。自 2008 年以来，中国已经从一个利基市场（niche market）[1]变成包括时装在内的全球第二大奢侈品消费国。美国第一，全球线上市场第三，西欧第

---

[1]　利基市场是在较大的细分市场中具有相似兴趣或需求的一小群顾客所占有的市场空间。

四——这些是 2020 年之前的排名。2021 年年初，中国对欧洲奢侈品时尚的重要性，不亚于美国在 1973 年具有转折意义的凡尔赛时装秀之战[1]之中的重要性。据贝恩咨询公司估计，在 2020 年之前，中国的奢侈品销售额每年增长 20% 以上，这是全球范围内增长率最高的市场。

中国奢侈品时尚市场与中国经济是同步增长的。1998 年，中国的国内生产总值约为美国的 13%。2008 年，这一数据为 35%。2020 年，增长到 75%。中国的物价普遍较低，因此当以购买力平价[2]计算时，中国经济在 2017 年、2018 年便已成为世界最大的经济体。

就企业规模而言，2021 年《财富》世界 500 强排行榜中，美国已跌至第二位，有 122 家公司跻身榜单。中国第一，有 143 家企业赫然在列。

与美国和西欧一样，当下中国奢侈品时尚界的许多现象都是由千禧一代和 Z 世代推动的。根据消费者研究公司 Bomoda 的数据，80% 的中国奢侈品消费者年龄在 25—44 岁之间。2021 年，中国奢侈品消费者的年龄中位数是 37 岁，比美国奢侈品消费者的年龄中位数低 10—15 岁。这一群体主要通过社交媒体平台了解品

1　20世纪70年代，为了筹备凡尔赛宫的翻修资金，五位大牌法国时装设计师与五位美国设计师被邀请共同举办一场时装秀，被称为"凡尔赛时装秀之战（The Battle of Versailles Fashion Show）"。在这场比赛中，美国设计师们带来了非裔模特和本土音乐，打破了时尚界的种族障碍，引领了美国时尚的新潮流。

2　购买力平价是根据各国不同的价格水平计算出来的货币之间的等值系数。

牌。他们喜欢网上购物。新意是中国千禧版酷风尚的重要元素，千禧一代乐于通过不太知名的时尚品牌来表现自己的身份。

美国奢侈品时装在中国卖得不好。欧洲品牌历来认为自己代表着传统、声望和奢华的极致，这使得它们比美国品牌更受欢迎。许多美国品牌在20世纪后期的定位是迎合北美市场，北美市场接受"趋同"的服装，因此相较之下在标新立异方面略逊一筹。中国买家对美国独有的"平价奢侈品"的概念是排斥的。中端市场的中国消费者寻求的是实惠型或奢侈品，而不是介于两者之间的选择。

在中国，网购在零售总额中所占的比例比任何国家都高。中国商务部报告称，2020年中国网购交易额为10万亿元人民币，一年内增长了17%。美国2020年网购销售额是6100亿美元，年增长率为14%。联系到全球最有价值的20家科技公司中，15家是美国公司，4家是中国公司，1家是欧洲公司，这真是令人惊讶。其他国家依赖亚马逊、谷歌、脸书、Instagram和WhatsApp，而中国拥有具备同样功能的阿里巴巴、百度、微博、微信、人人网和抖音。

时尚公司报告称，线上推广和网红影响了90%的中国网购交易。在西方不接受网红营销的奢侈品品牌发现，这招有必要在中国用。2018年，古驰成为第一个将超过一半的中国营销预算用于数字媒体和网红的西方奢侈品品牌。一年后，这样的比例在奢侈品集团中很常见。

2020年之后，随着中国复工复产，一种新形式的网红营销出现了。高调的网红会去路易·威登或博柏利的旗舰店，看看店内的手袋、围巾，并向导购询问有关价格和设计方面的问题——整个过程通过视频拍摄记录，并在天猫全程直播。这种方式在促成销售方面是成功的，但也受到了批评，因为其直接性和采取的策略与奢侈品牌自带的复杂性不一致。

中国的奢侈品时尚客户面临的价格更高，既因为税收，也因为西方时尚公司 20 年来一直将在中国售卖的标价定在比欧洲高 60% 的水平。其逻辑是，对奢侈品的占有带来的地位提升会促使富人花更多钱购买，而不太富裕的人则无关紧要。价格差异导致一些中国买家转向灰色市场购物代理，即"代购"。这些代购中，既有专业代购，也有海外留学生，他们去巴黎、米兰、香港购买（免税）时尚单品，然后带回来转售。他们赚的差价足以支持他们做代购需要的旅行成本和各种费用。贝恩公司估计，2019 年，代购每年的灰色市场进口额在 80—100 亿美元之间。代购和旅游购物之中，多达 70% 的中国奢侈品消费发生在境外。对"境外"的定义到 2020 年发生了变化，政府允许位于上海、北京和其他 9 个城市的免税店销售奢侈品，但仅限于能够证明自己曾在 4 个月内到过海外的购物者。结果是将此类消费的法定限额提高到每人 10 万元人民币，并且规避这一限额的要求也变得更加容易。

2020 年，海外购物旅行大幅下降。2019 年，中国出境旅游 1.7 亿人次，2020 年大幅下降。奢侈品销售继续回流到中国的现象暗示出这样一个事实，西欧的时装店太多了，中国买家通常占其业务量的 1/3——而中国的时装店太少了。

中国和西方的价格差也缩小了。Jet or Get（www.jetorget.com）是一个可以比较世界各地奢侈品零售价格的网站，比价范围包括旗舰店、授权经销商和线上售卖渠道。用户在这个网站上可以将价格转换为当地货币，并显示税费和空运费用。一般价格最低的是英国和欧洲，2020 年中国的价格仍比欧洲高 15 ％，而且还不包括交通费用。价格最高的是日本。而一只普拉达手袋在中国的价格比瑞典高 1/3。

在欧洲购买奢侈品仍然是一种情怀。在巴黎购买的香奈儿手袋比在哈尔滨购买的同款手袋更正宗、更酷。去逛奢侈品品牌的旗舰店令人更激动——这也是位于巴黎香榭丽舍大街 101 号的路易·威登门店经常大排长龙的部分原因。

许多在美国工作的美籍华裔设计师都取得了成功：王薇薇（Vera Wang）、谭燕玉（Vivienne Tam）、萧志美（Anna Sui），以及最近的曹亮（Dylan Cao）和梁辉黄（Huy Luong）。很多著名的中国设计师与中国品牌合作。中国品牌还没有西方奢侈品品牌的知名度和地位，但它们的设计师更了解当地的品味和习惯。比如设计出广东产的丝绸材质的风衣，或者带有传统中国风盘扣的羽绒服。中国独立设计师品牌 Staffonly 和 Ximon Lee 等品牌专注于体现中国身份的历史标志，并推出昂贵的限量版。

中国投资者一直在收购西方时尚公司，到了几乎所有待售品牌都将他们视为潜在买家找上门去的地步。山东如意集团控股法国集团如 Sandro、Maje 和 Claudie Pierlot（SMCP 集团），英国品牌如雅格狮丹（Aquascutum）、T.M. Lewin、吉凡克斯（Gieves

& Hawkes）。还通过一家子公司，收购了巴黎时尚公司切瑞蒂（Cerruti）。2018 年，如意集团寻求伙伴想控股瑞士制鞋商巴利（Bally），但据报道，截至 2020 年年初该公司未获得融资，因此仍悬而未决。总部位于上海的复星集团是法国时装品牌浪凡、意大利品牌卡鲁索（Caruso）和鞋履制造商塞乔·罗西（Sergio Rossi）的主要股东。这些收购的共同点在于被收购的品牌规模大、名气大，且由于销售和利润状况差导致收购价格低。投资者获得了时尚公司的资产、商标名和房地产的同时，也获得了这些品牌的消费者数据。

中国收购企业，似乎是想通过向中国千禧一代推广西方品牌而获得盈利。但有些收购的案例在这方面遇到了麻烦。中国投资集团 Fung Brands 2012 年收购了索尼亚·里基尔（Sonia Rykiel）品牌 80% 的股份，2017 年进一步收购了其余 20% 的股份。收购时该品牌的销售额是 8000 万欧元。2018 年，销售额下降到 3500 万英镑，亏损 2000 万英镑。纽约和伦敦的索尼亚·里基尔门店纷纷关闭。罗斯柴尔德集团被请来寻求潜在的买家或新的投资合作伙伴。2019 年 7 月，索尼亚·里基尔品牌进入清算。

安永咨询公司驻米兰的顾问费德里科·博内利（Federico Bonelli）曾表示担心：由于中国投资者对欧洲时尚界相对陌生，许多人最终会因消费者喜好的不规则性、回报的波动性以及创意人才的高成本感到失望。据报道，在一些收购中，创意总监要求的薪酬相当于意大利或法国的薪资水平，却可能是中国收购者原本考虑的薪酬的 10 倍。尽管大多数薪酬安排都是保密的，但

2018 年有一起法律诉讼，圣罗兰前创意总监艾迪·斯理曼起诉圣罗兰公司，要求执行他劳动合同中关于每年获得"至少 1000 万欧元"税后薪酬的一项条款。这相当于约 1600 万欧元的税前薪资。法院判定圣罗兰公司要执行该合同条款。

全球时尚品牌正在向占主导地位的中国科技平台看齐。阿里巴巴是中国最大的奢侈品时尚线上销售网站，占网购零售额的 60%。该旗下运营有天猫商城和天猫奢品，这些平台让外国品牌能够触及阿里巴巴的 6 亿活跃客户。阿里巴巴联合创始人兼董事局执行副主席蔡崇信本人，就是阿里巴巴极力推进国际化的一个例子。他还是 NBA 球队布鲁克林篮网队、WNBA 纽约自由人女子篮球队的老板，两支球队用于训练的巴克莱中心球馆也是他的资产。

外国时尚品牌进入中国市场的壁垒远低于其在美国或欧洲面对的壁垒。2020 年，阿里巴巴平台上有 115 个西方品牌入驻，包括纪梵希、范思哲、托德斯、斯特拉·麦卡特尼、葆蝶家、杰尼亚、华伦天奴、亚历山大·麦昆、雨果·博斯（Hugo Boss）、博柏利等奢侈品大牌。

虽然进入中国市场相对容易，但并不能很快盈利。中国的品牌接受周期比西方更长，即使利用网红也是如此——因此想要获得市场份额需要更长的时间。

在阿里巴巴上或其他中国的奢侈品商场中销售，也给西方高端品牌带来了一个问题，且这个问题至今仍然存在——打折对他们来说基本上是不可取的。一年里，中国遍布着各种各样的电商节，打折是一个主要的消费驱动力。品牌面临着巨大的降价压力——大多数品牌都降价了。这么做的风险性在于，顾客会习惯在日常囤货而推迟购买，在降价时大量采购——毕竟顾客们知道电商节在什么时候。

奢侈品线上销售的中国服务模式不同于西方的任何模式。京东的股东之一是中国巨头腾讯。作为中国第二大电商平台，京东拥有独立的奢侈品牌供应链，每个仓库都有一个防尘空间专门用来存放奢侈品。相比普通的快递司机用三轮电动车送货，京东提供的是"白手套"送货服务，司机身穿西装，戴着白手套，开着豪车将奢侈品送货上门。他们将不同尺寸和颜色的服装送到客户的家里或办公室，待客户选好后，再取回其他服装。

"办公室递送"的白手套"京尊达"服务符合中国人的"面子"理念，即重视尊严、声誉和社会地位。让别人看到你花钱，说明你有钱，那么就意味着你有更高的社会地位。京东通过白手套服务，将时装和其他商品送到消费者的办公室而不是家里，这样同事们知道他们买了什么，于是消费者就有了面子。

一些最具创意的时尚与艺术的跨界合作就发生在亚洲。进入中国或其他亚洲国家的奢侈品公司，希望能为该国的文化生活增添色彩，而不是被当成单纯来出售奢侈品、赚取利润的。艺术化可以做到这一点。当爱马仕于1996年进入中国时，就在故宫的永寿宫举办了"千里马"展览，从而与中华传统文化建立联系。2014年在上海开业的爱马仕门店打造出一栋房子，其中每个楼层都有工匠在制作产品，房内还有一个展示品牌遗产的博物馆，从而与中国的手工艺传统建立联系。

　　许多读者可能已经从电影《摘金奇缘》(*Crazy Rich Asians*)中获得了对中国奢侈品时尚界的第一印象。该片于 2018 年 8 月在欧美首发，四个月后在中国上映，但以失败告终。影片以新加坡华人富豪为代表描绘了一个高度虚构的、如同注入了兴奋剂一般的时尚场景。这部电影的取景地是在新加坡拍摄的，因为新加坡旅游局提供了资金支持。《摘金奇缘》这部影片和原著，都建立在深受亚洲精英欢迎的欧美奢侈时尚的基础上。

　　时尚品牌竞相加入这部电影，认为影片和其中体现的时尚服饰在中国会产生跨界吸引力。据报道，拉夫·劳伦送给电影服装设计师玛丽·沃格特（Mary Vogt）30 套礼服，沃格特选用了 3 套。巴黎世家、杜嘉班纳、思琳、乔治·阿玛尼、葆蝶家、普拉达、艾莉·萨博、迪奥、菲拉格慕和蔻依的品牌在片尾冠名或镜头画面中都有体现。片中也有新加坡的 3 位设计师和马来西亚的 1 位设计师的服装，但这些服装曝光度很低，也没有引起评论家的注意。在新加坡和中国，这部电影都被认为太过夸张。影片主要突出的是讲闽南语的中国人，但这些人实际上一点也不像屏幕上表现的那样。不过影片确实抓对了一点——描绘出不同层次的富人阶层，以及那些新富阶层的炫富行为。每个群体对时尚和时尚品牌都有着不同的态度，就像在西方一样。

弊端

一块布料即使再华美，如果带来了饥饿和不幸，也毫无美感可言。

——圣雄甘地（Mahatma Gandhi）印度活动家

可持续性是对质量的新定义。这是奢侈品的内在要求。这也是新常态。

——弗朗索瓦·皮诺特 开云集团首席执行官

前文讲了奢侈品时尚的方方面面，从其魅力、社会地位、时装秀、艺术化、街头服饰到奇异的经济现象，那么它的弊端有哪些呢？时尚产品的生产和推广引发了许多有争议的问题，最广为人知的是薪酬低、雇佣童工、缺乏就业保护、化学污染和安全问题。这些问题见于孟加拉国、印度、越南、柬埔寨、埃塞俄比亚和洪都拉斯等国，比如2013年孟加拉国拉纳广场（Rana Plaza）的大楼坍塌事故，导致楼内的服装厂中有1127人死亡。

很大程度上，这些问题都与平价时尚和快时尚的生产有关。众所周知，这些时尚公司不断向生产厂家施压要求让价，同时要求给工人提供更高的工资和更好的工作条件。

普拉托市是意大利的服装和皮革制品重镇，其历史可追溯到 12 世纪。1992 年，中国移民来到普拉托，当时许多意大利工厂面临来自罗马尼亚和保加利亚的低成本竞争，陷入财务困境。中国企业家重新开放作坊和工厂，从中国进口布料，模仿意大利时装设计，工作时间很长，生产的服装都贴标"意大利制造"。

意大利的大型时装公司都有自己的打版工厂。时装公司首先将缝纫工作计件分包出去，到 20 世纪 90 年代中期，分包模式已经扩展到中档品牌的裁剪和缝纫，而意大利工匠传授高端技能。据报道，到 2010 年，来自温州的意大利籍华人生产的服装、配饰和手袋已遍及古驰、普拉达、芬迪、巴黎世家、圣罗兰、迪奥、菲拉格慕和香奈儿等品牌。在这些工厂生产的部分时装配饰会被运往上海和北京。

也是在 2010 年，时任范思哲董事长的政治家桑托·范思哲（Santo Versace）提出一项法规：如果一件时尚产品的制造过程中有两个步骤在意大利完成，就可以贴上"意大利制造"的标签。因此，这个术语并不一定意味着"由意大利人制造"，也不一定意味着"由熟练的工匠制造"——尽管成品必须通过品牌检查员的质量检查。普拉达解释说，其产品"凭借与意大利传统手工艺的深厚渊源而脱颖而出"。

　　发达国家还面临着一个与中档时尚就业相关的问题。这类案例集中出现在茱莉娅·门西蒂耶里（Giulia Mensitieri）2018年出版的《世界上最美丽的工作》（*The Most Beautiful Job in the World*）一书中。她在4年的时间里收集了50个员工的案例进行研究，剖析了意大利和法国的奢侈品时尚产业对创意工作者的压榨。门西蒂耶里的结论是"……时尚界有一个矛盾的规则：一份工作越是能积累名气，越是能带来象征性和实质性的贡献，但是创意工作者的报酬就越低"。其中一个案例研究是关于"米娅（Mia）"，她是一名造型师，其部分薪酬是奢侈品品牌时装的购物代金券。米娅买不起房，她睡在朋友家，常到麦当劳解决吃饭问题。

　　当米娅受雇于奢侈品品牌参与时尚摄影时，她乘坐商务舱，住豪华酒店，在高级餐厅用餐。等拍摄结束，米娅会拿到一张价值5000欧元的代金券，可以在品牌门店购物时使用，也纳入正常收入范围征税。米娅本可以打折出售她的代金券，但在时尚界工作，意味着她需要穿戴奢侈品品牌服装和配饰。

　　在关于奢侈品时尚行业的文献中，类似的故事屡见不鲜，薪酬微薄的时尚工作者和T台模特的部分报酬并非以金钱形式结算——通常只是沾沾品牌的光环或有接近著名设计师的机会。没有哪位奢侈品公司的高管否认过门西蒂耶里书中的故事。人们对此的普遍反应是借用卡尔·拉格斐鞭辟入里的那句话，"时尚是完全不公平的。没别的，就是这样"。

　　所有时尚，无论是奢侈品时尚还是较低档次的时尚——都有一个缺点，那就是它对环境的影响。石油工业是世界上污染最严重的行业。时尚行业及其相关的纺织品生产则是污染第二严重的行业。时装生产每年排放 12 亿吨温室气体，超过国际航运和海运排放的总和。每一秒钟，我们的世界都会有一卡车的衣服被丢弃在垃圾填埋场。纽约市估计，每年扔进垃圾填埋场的衣服有 9 万余吨。

牛仔布是对环境不友好的一类时尚产品。每生产一条牛仔裤，耗水量高达 7000 升。每年生产的 20 亿条牛仔裤则需要 170 万吨化学品。这些消耗有望减少。一些品牌已经大幅降低了水和化学品的使用量。2019 年秋，日本迅销集团——旗下有优衣库和海尔姆特·朗（Helmut Lang）等品牌——生产了 1800 万条牛仔裤，该公司称与以前的制造方法相比，用水量减少了 90%。

千禧一代将可持续性视为购物选择的一个考虑因素，1/3 的人表示，如果一个品牌密切关注社会和环境问题，他们更愿意购买其产品。但根据波士顿咨询集团的调查，只有一小部分消费者愿意花更多钱买可持续产品，一些调查显示，这部分消费者只占整个消费群体的 17%。

另一个问题是这个行业持续发出"服装的生命周期很短"的暗示，这一点在明星活动的报道中不言自明。如果一个明星（或皇室成员）被拍到穿同样的服装反复出镜，会招来议论和鄙视。尤其是在公众关注度最高的场合——比如红毯、奥斯卡颁奖典礼或戛纳电影节。懂得酷风尚的女明星往往将穿过一次的时装弃之不用。时装秀在这方面就更隐晦了，数百人飞往多个城市，这意味着价值数百万欧元的时装，在一场不到一小时的大秀后就面临着被拆解的命运。

时尚行业面临的一个主要问题是，如何处理季末未售出的时尚产品。即使是一线大牌在销售当季时装，也只能以全价销售出一半。每年全球生产超过 1000 亿件服装。假设全价和打折服装的平均销售率为 80%。一些奢侈品和高端时装的销售率低至 20%。在 80% 的情况下，意味着每年有 200 亿件服装成为业内所说的"死库存"。那么营销渠道中的任何参与者最终在时装季末时都持有库存，因此都是输家。

那 200 亿的数字还只是新衣服。根据《时尚商业评论》（*The Business of Fashion*）的数据，2019 年，西方消费者平均购买的服装比 15 年前多 60%，并且每件衣服保留的时间是以前的一半——一半以上的情况下，不到一年。在西方市场，每年因此产生 250 亿件废弃衣物，其中 85% 最终被填埋。

那么当每个新的时尚季到来时，时尚品牌和零售商会如何处理未售出的库存呢？对于平价时尚和快时尚品牌来说，显然"以大幅折扣出售未售出的服装"是一种习惯性选择。75% 的平价时尚和大约 1/3 的快时尚销售都已经在走打折价。但对于奢侈品时尚和高端时尚来说，降价会带来长期负面影响，因为它折损了品牌的独特性，并且让消费者以后也依赖于折扣。对于少量的剩余库存，有二手服装（"古着"）店消化，实体的、线上的都有。许多以这种方式供应的"二手"服装实际上是新的——有时只是去掉了原来的品牌标签。

　　另一个选择是焚烧——把所有卖不出去的衣服都烧掉。英国时尚品牌博柏利的 2017/2018 年度财年业绩报告称，"今年实际销毁的成品成本为 3700 万美元"，高于前一年的 3500 万美元。（最初，该公司声称他们选择焚烧是因为它能产生能量。）该报告发布之后，焚烧处理出现在媒体头版头条。五年时间里，博柏利销毁的商品总价值为 1.35 亿美元，其中大部分是成衣和配饰。博柏利每年焚烧的产品平均价值 2700 万美元，这样做的目的恰恰是为了"维护品牌价值"。

　　这份报告在新闻媒体和社交媒体上引发了大量负面评论。《纽约时报》的一篇文章甚至称"博柏利"（Burberry）为"烧柏利（Burnberry）"。媒体发酵一周后，博柏利公开承诺不会再以这种方式解决库存过剩问题。两年之后，再无其他奢侈品时尚生产商做出同样的承诺，犹见焚烧处理大概有多普遍。

　　奢侈品时尚品牌也许可以将卖不出去的衣服剪标之后捐给流浪者收容所。但这样可能会让一位花 4500 美元买了一条独家连衣裙的 VIP 顾客，与一个无家可归的、在街角行乞的人撞衫。

　　一个更好的选择是将过剩库存捐赠给时尚奢侈品买家较少的第三世界国家——比如洪都拉斯或刚果，或者至少以当地买家可以承受的价格出售。然而，捐赠（即倾销）大量未售出的服装对当地服装业有负面影响，而服装业很有可能是这些国家的人民主要的就业来源。截至目前，最成功的选择是灰色市场[1]，至少对某些过剩产品来说是如此。如今，当消费者在网上搜索某个品牌，或从在线平台购买时，可能就会遇到灰色市场的商品。

灰色市场商品有几个不同的来源。最常见的是奢侈品品牌和高端品牌在中等收入、非竞争市场向未经授权的经销商销售过剩产品，经销商承诺不会将产品送回西方市场销售。这些衣服已经经过剪标处理，但出售前可能会重新贴标。欧洲品牌将巴西、土耳其、阿根廷和一些亚洲市场视为目的地，令人惊讶的是，澳大利亚也赫然在列。一位时尚业内资深人士将灰色销售描述为奢侈品集团可以操纵开关的"水龙头"，至于是开还是关，取决于这些公司当季的"未售出产品"百分比或者是否实现了当季的销售目标。很少有奢侈品品牌讨论这种做法。业内人士表示，古驰、普拉达、迪奥、路易·威登和华伦天奴都使用过这种"水龙头"机制。

出现灰色市场，也是因为存在故意过量订购的现象。Ordre是一个在线批发平台，向世界各地的时装精品店和百货商店出售斯特拉·麦卡特尼等品牌的奢侈品。西蒙·洛克（Simon Lock）是 Ordre 平台的首席执行官，他讲到，西方零售商有时

1　灰色市场是指透过未经商标拥有者授权，而销售该品牌商品的市场渠道，介于正当的白色市场与非法的黑色市场之间。灰色市场的商品就是有品牌的真品，只不过其销售的渠道未经该商标拥有者授权与同意，是一种"非正式"的渠道。

会以批发价（约为零售价的 1/3）转售库存，加小幅的差价作为利润卖给其他代理商。然后，代理商再将产品转售给精品店，精品店会在标价的基础上打很大折扣。令人担忧的是，送往这些市场的时装将被运回美国或欧洲，可能会被贴上仿冒的奢侈品品牌标签，然后通过未经授权的奥特莱斯店销售。其中有些产品可能通过互联网卖给西方买家。这样不仅影响了时尚公司的自家门店，还挑战了奢侈品时尚主张的"永不讨价还价"的价格设定。

灰色市场的服装会严重损害一个品牌的声誉。在马克·汤盖特（Mark Tungate）的《时尚品牌：品牌风格——从阿玛尼到飒拉》（*Fashion Brands: Branding Style from Armani to Zara*）一书中，讲到在灰色市场商品充斥市场的情况下，博柏利的经典格子图案丢了销量又折地位的前因后果。博柏利向日本灰色市场零售商大量销售产品，这些零售商以低于博柏利亚洲标价的价格出售这些产品，然后将其运回欧洲，在那里打折销售。博柏利当时的首席执行官罗丝·玛丽·布拉沃（Rose Marie Bravo）结束了该品牌的灰色市场销售，但此前很长一段时间内，博柏利品牌的常规零售价产品在一些顾客看来仍价格过高。

其实有一个解决库存过剩问题的简单方法，但是还没有一家公司尝试过这种方法，即使尝试也是为了试而试。"为商店生产过剩库存"的替代解决方案是高定模式，即每个精品店起初仅掌握不同款式、颜色和尺寸的样衣，只有在顾客下单后才会追加产量。按单定制对客户来说有一个优势，因为这样可以量身定做服装。然而，当香奈儿尝试在收到零售商订单后才生产成衣时，会加剧经销商在季初订购样衣的爆单情况。零售商在季初因销量损失带来的成本很高，而库存过剩的问题到季末才需要应对。

定制面临的不是技术性问题。我们其实不缺制作个性化服装的照相机和人体扫描仪。但是一个女人会为定制服装等上好几个星期吗？一件在丹佛订购、巴黎或米兰郊区制作的礼服从订货到交货需要多长时间？既然时装公司必须根据订单定做，那么成本会更高吗？或者如果季末浪费的衣服减少，总成本会更低吗？如果一名女性愿意接受另一项购买测试，并且对于"我会穿这件衣服 20 次以上吗？"的问题回答是肯定的，那么为此而等待的时间可能更容易接受。

博柏利和其他品牌正在转向另一种营销方式，即适用于更多服装系列的一种方式——我之前在街头服饰中称之为"限量发售"（drops）。限量发售会激发消费者的兴趣，一旦当限量发售的库存售罄，就不会补货。但是限量发售用于配饰销售效果是最好的。名牌服装需要尺码、试衣和改衣。由于限量发售提供的数量有限，所以限量发售再多次也无法解决重要的库存问题。

回到可持续性的问题——"17% 的购买者愿意为可持续性花更多的钱"，这个比例会增加吗？答案是"可能会"，但速度会很慢。已经有几个品牌向可持续性方向转型，但只有一个大牌斯特拉·麦卡特尼——是众所周知地在实践这一理念。作为一名成功的时装设计师，斯特拉·麦卡特尼并非师出无名。她是保罗·麦卡特尼爵士的女儿。家族背景和财富地位赋予她曝光度和财务自由，也让她在推崇可持续性这件事上更顺理成章。她再一次向我们阐释了名人在奢侈品时尚中扮演的角色。

在伦敦中央圣马丁艺术与设计学院上学期间，麦卡特尼师从萨维尔街著名的裁缝爱德华·塞克斯顿（Edward Sexton）。1995 年毕业典礼上，她的超模好友凯特·摩丝和娜奥米·坎贝尔穿着她设计的八套毕业秀服装走上 T 台，背景音乐是她父亲创作的一首曲子。《纽约时报》在对这场毕业秀的报道中对坎贝尔和保罗爵士进行了采访。毕业后，她加入了巴黎的蔻依时装公司，后因拒绝将皮草或皮革面料纳入自己的时装系列而受到关注。

25 岁时，麦卡特尼成为蔻依的创意总监。她的处女秀系列赢得热烈评论。2000 年，29 岁的她获得了 *VOGUE* 时尚基金年度时装设计师奖。

2001 年，麦卡特尼回到伦敦，并成立了自己的品牌，与开云集团各占 50% 的股份。她在 2018 年回购了开云集团的股份，然后在 2019 年向路威酩轩集团出售了少数股份。紧接着，麦卡特尼被任命为路威酩轩集团执行委员会的可持续发展特别顾问，以及董事长兼首席执行官伯纳德·阿尔诺的特别顾问。

截至 2019 年年中，麦卡特尼在全球拥有 60 家门店。她生产的鞋履和手袋采用合成皮革等"动物友好型"面料，坚决不用皮毛。她会利用从可持续森林获取的木浆制成的有机棉花和粘胶纤维（人造丝）。PVC（聚氯乙烯）作为一种鞋履和外衣中发现的塑料，不在她的考虑范围之内。她设计的夹克和手袋采用的是涂有植物油的聚酯和聚氨酯。她宣称自己在生产运动鞋的过程中不用胶水，因为胶水是由动物的器官煮熟而成。其他公司也在一定程度上模仿了她的创意。古驰、范思哲、阿玛尼和博柏利都表示将放弃皮草。一些品牌已经停止使用 PVC 材料，但是除斯特拉·麦卡特尼以外，还没有其他时尚大牌放弃皮革。还有一些品牌开始倚重粘胶纤维和人造丝，以限制森林砍伐。

麦卡特尼的产品之一是阿迪达斯经典鞋款 Stan Smith 的素食版，据说除了她的头像在鞋舌的一侧、网球冠军斯坦·史密斯的头像在另一侧之外，与原版没有什么区别。麦卡特尼设计的 Stan Smith 鞋款每双售价为 235 英镑，是原版的 2 倍多。麦卡特尼的创新并没有解决时尚垃圾的处理问题，尽管她设计的衣服在垃圾填埋场里生物降解速度更快。

2020 年 9 月，香奈儿在卢森堡证券交易所发行了约 7 亿美元的可持续发展债券，这是时尚界实现可持续发展的一种有创意、有前途的途径。这些债券的利率略低于市场利率，但如果发行人在债券有效期内没有达到既定的涨幅目标，债券持有人将面临巨额罚款。这些债券也是很好的营销手段，可以吸引公众关注公司的可持续发展倡议。

如果行业倡议不能解决环境问题，政府很有可能会介入。2019 年七国集团峰会（G7）达成了一项"时尚公约"，签署国一致认为降低时尚对气候、生物多样性和海洋的影响是可取选择。

在法国总统马克龙的敦促下，30家公司签署了协议，包括香奈儿、普拉达和爱马仕，但没有路易·威登。文件中有关于碳中和目标的声明，但没有约束力。开云集团力争各方承诺到2025年禁用塑料袋。最终达成一致的最后期限是2030年，而这个期限——即7年后，也只是自愿的。

文化冲击

时尚行业打造了一块由来已久的文化地基，让另类右翼得以成长壮大。

——克里斯托弗·怀利（Christopher Wylie）

剑桥分析公司前研究总监

奢侈品时尚的营销和定位会产生一定的社会影响。时尚品牌的偏好可以用来预测政治的开放程度，并影响选民行为，这是导致媒体大量关注时尚品牌的一个原因。例如 2016 年美国总统选举的策划者提出的"归咎于时尚的文化叙事"，正是"剑桥分析公司"（Cambridge Analytica）广为人知的原因。

克里斯托弗·怀利是剑桥分析公司的前研究总监，他因披露该公司收集了数百万人的数据，并将其用于 2016 年特朗普总统竞选而一夜成名，也因此声名狼藉。他说，这项研究的一大重点是时尚，研究了如何预测出右翼政治思想对一个人的时尚和审美偏好产生的影响。

剑桥分析公司是一家英国研究公司，现已停止运营。该公司修改了股票市场分析中使用的算法类型，建立了股票走势与经济政治的联系，并利用该算法将选民倾向与包括时尚品牌偏好在内的购买行为联系起来。

2015 年，剑桥分析公司获得了 8700 万脸书用户的资料，并能够通过这些用户的好友再收集 3000 万用户的个人信息。他们将这类数据与电视收视率和信用卡使用数据相结合，构建了一个美国选民模型。这便形成了一个矩阵，显示出时尚品牌与五种心理和人格特征之间的相关性：开放性、责任心、外向性、亲和性和情绪稳定性。

这些数据不包括时尚品牌的购买信息，只代表时尚偏好。用户可能"喜欢"阿玛尼或迪奥的脸书页面，或者在他们的个人资料中表达了对时尚的偏好。"喜欢"拉夫·劳伦或霍利斯特（Hollister）等美国品牌的人更有可能产生较低的信任度（但他们有着高度的"开放性"），这也是一种人格特征。这些人更有可能接收支持特朗普的信息，并对支持特朗普的广告做出积极回应。在网上给出的"点赞"也预示了他们对移民和女性生育权问题的立场。这些人是特朗普竞选团队主管史蒂夫·班农（Steve Bannon）——后供职于剑桥分析公司，担任特朗普总统的白宫首席策略专家——为另类右翼锁定的目标人群。

高田贤三是最早使用多元化模特的品牌之一，而有些欧洲品牌风格有着高田贤三的挑衅意味（provocative [1]），偏好这些品牌

---

[1]　克里斯托弗·怀利所用的术语。

的人不在政治联络名单中。剑桥分析公司的广告并没有将喜欢这些品牌的脸书用户作为目标。

怀利说，他只是利用了"时尚和文化产业推出的文化类型"。他说，真正的责任在于这个行业，因为它"创造了文化战场"。

这为我们观察奢侈品时尚行业提供了一个清醒的视角，也是本书需要深入阐释的内容之一。然而，我认为（并希望）这个问题在未来几年将不复存在，因为有其他章节中讨论到的变革推动因子——2020 年之后奢侈品营销的变化，以及千禧一代和千禧一代价值观愈发重要。

想一想克里斯托弗·怀利的下一步安排。据报道，2019 年 1 月，他加入了瑞典快时尚品牌 H&M，担任研究咨询总监。H&M 新闻报道称，怀利的工作重点是"帮助 H&M 集团加强对消费者、产品和市场的观察"。

07

未来何在?

发发奇

发发奇的使命是重塑奢侈品购物体验，无论线上线下。

——何塞·内维斯（José Neves）发发奇创始人和首席执
行官

发发奇是一个高端时尚在线零售平台。到 2021 年年中，发发奇已与 49 个国家的 550 个品牌和 2500 家门店合作，拥有 200 万活跃用户和 1000 万次的月度网站访问量。发发奇的中介平台角色有助于解决时尚的地理空间问题。入驻品牌可以在线触及发发奇发货范围涉及的 190 个国家，甚至包括安哥拉和津巴布韦。小型时装精品店也可以通过发发奇在国际市场上销售商品，同时继续运营空间有限的"实体"店。发发奇网站根据销售额平均收取 28% 作为佣金。最大的品牌支付佣金近 15 %，这两个数字都低于通常的批发加价率。

发发奇的全球消费者中有一半是千禧一代。内维斯说，另一半人也有"千禧一代思维"，即喜欢科技和网上购物。

何塞·内维斯在 2008 年创立了发发奇。他是一位葡萄牙籍职业经理人，常年在英国生活。发发奇总部位于伦敦，在纽约、上海、香港、圣保罗、迪拜等 11 个城市设有分支机构。其主要消费者和销售增长率来自中国、中东、拉丁美洲和东欧。2020 年，发发奇在阿里巴巴旗下天猫平台上线了奢品折扣频道 Luxury Soho，并在阿里巴巴的跨境市场天猫国际上推出了一个频道。

发发奇的成功让越来越多的消费者相信，购买奢侈品之前不再需要亲眼看到、亲手摸到产品。这与两个关于奢侈品时尚由来已久的观念背道而驰：一是个人购物体验要精心筹划准备，二是奢侈品品牌和高端品牌不打折，也不通过线上销售。发发奇上架了约 6000 种折扣高达四折的商品，而品牌对此不满，因为发发奇上提供的折扣会引发其他网站跟着降价。发发奇回应称，其平台上的折扣是通过品牌方和零售商自己设定的。

出乎众人预料，市场对发发奇战略蕴含的潜力给出了高估值。2018 年 8 月，发发奇提交了首次公开募股的招股意向书——尽管后来从未盈利。从 2015 年提交申请，发发奇累计亏损 2.55 亿美元。尽管如此，发发奇首次公开募股的估值高达 50 亿美元。能达到这个水平，让发发奇成为世界上估值最高的时尚公司之一。

发发奇的估值是上年销售额的 5 倍，这里需要与一家典型的时尚零售商进行比较，后者上市的首次公开募股市盈率为销售额的 1.2 倍。更令人惊奇的是，发发奇面对着 Net-a-Porter、MatchesFashion、SSense 和 MyTheresa 网站等实力相当的竞争对手，经常以同等的价格出售同样的产品。这种上架产品的竞争鼓励了成本高昂的促销做法，包括折扣和尊享服务，如免费快速送货上门。但发发奇的高估值并非一厢情愿在贪图数字，事实上，投行高盛和摩根大通负责此次股票发行，他们判断这种长期亏损的线上时尚业务具有快速增长的潜力，让人想起了亚马逊实现首次盈利之前多年亏损但保持高增长的运营状况。

发发奇在数据分析和优化客户服务方面投入了大量资金，据我所知比任何时尚公司都多，这种投入策略可与亚马逊相媲美。2020年，发发奇拥有1300名全职数据科学家、工程师和技术人员，占公司员工总数的40%。

至于发发奇的未来发展方向，它既是一个在线时尚中介平台，也是一个向零售商提供技术的平台。2017年，发发奇推出了"未来商店"计划，这是一种针对实体商店的技术，可以捕捉顾客进入商店后的行为数据。当一个消费者下载发发奇应用程序时，可以选择同意分享个人信息，从而获得更加个性化的购物体验。当她走进一家使用发发奇软件的门店时，会通过手机签名被识别出来，而不需要刷卡。她可能会立即收到一张线上折扣券。在传统的时尚门店，店员会问你的名字，在数据库中搜索，并查找是否有你的尺码。发发奇软件则允许店员利用这段时间充当店内助手。

店内展出的服装有射频识别"智能标签"。发发奇的软件利用射频识别技术，再加上顾客的手机频率，就可以监控她拿起了哪些产品。如果她动了一件衣服，这件衣服就会出现在她应用程序的"愿望清单"上。通过该程序，她可以点击想试穿的衣服。店员会把她勾选的产品拿到试衣间，让她在不同的款式、颜色和尺码之中试穿选择。这些工具并非发发奇独有。许多购物者有多个零售商应用程序，可以通过蓝牙信号跟踪他们在商店的移动轨迹。传输出的这些信号便告诉零售商，顾客在店里逛的时候都去了哪个区域、在每个区域花了多长时间。

而发发奇的软件不仅能让零售商知道顾客挑选了哪些产品，还能了解顾客要求试穿哪些产品，她购买的每个品牌分别适合什么尺码，以及她更喜欢将购买的产品送到家里还是办公室。顾客的店内数据与其线上数据是相互连接的，苹果产品门店的移动支付体验与之类似。这样一来，零售商可以稍后通过提醒或报价与顾客在线联系，因为他们知道几个小时前她在店里看过一个普拉达手袋。

何塞·内维斯说，发发奇许多时装店将逐步发展为仅提供服务的站点，储存各种尺码和颜色的样衣样品，而时尚库存将实行集中仓储运输。该零售连锁商的实际库存将供应给该连锁品牌的全球消费者，无论是线下还是线上，通常都可隔天到货。

发发奇在线时尚平台几乎是一种赢家通吃的业务。最成功的平台会吸引最多的品牌，由此产生的大量选品又吸引了最多的买家，而这将进一步吸引更多的品牌入驻平台。最成功的中介平台收集的用户数据也最多，这样平台的运营效率就更高。

2018年9月，发发奇上市，在华尔街获得了热烈反响。发发奇首次公开募股定价为每股20美元，结果出现大幅超额认购。在纽约证券交易所交易的第一天，股价收于28.45美元，发发奇估值达80亿美元——远高于奢侈品电商平台Net-a-Porter，当时后者的销售额是发发奇的2倍。这是市场对高端时尚零售与电商是否兼容的果断回答。估值也反映出市场认为发发奇将不会受到亚马逊的影响；发发奇可能会削弱平价时尚，但在不久的将来，对入驻发发奇的品牌来说，受到的冲击会更小。

2019 年，发发奇开始显露扩张策略，收购了 Stadium Goods 和 New Guards Group，前者是一家运动鞋经销商，后者是一家米兰控股公司，推出了包括 Off-White [1] 和 Palm Angels 在内的街头服饰品牌。发发奇表示，其目的是效仿亚马逊，建立自己的自有品牌销售平台。它想成为像亚马逊一样"为所有人提供一切奢侈品"的销售平台，拥有更多的消费者数据来分析市场缺口——这一点也是学亚马逊。完成收购后，发发奇开始更进一步，与自己的供应商直接竞争。发发奇认为供应商不可能会因此转向其他平台。这一战略确实引起了相关担忧，即管理层正向核心业务以外的领域展开投资。

经济低迷为发发奇提供了一个巨大机遇。实体时装店经受了零售暂停和供应链封锁的双重挑战，开始艰难尝试拓展电商业务。2020 年，发发奇再添 50 万新用户，收入增长了 45%，其股价则飙涨 400% 以上，市值达到 200 亿美元。特殊的情况使发发奇成为独立时尚品牌和零售商（包括伦敦的哈罗德百货公司）更为理想的合作伙伴，这些品牌和零售商需要扩大电商渠道，但缺乏运

1　Off-White品牌为路易·威登创意总监维吉尔·阿布洛所有，意大利New Guards 集团拥有该品牌的授权许可。

营渠道的技术资源。

发发奇与中国阿里巴巴和奢侈品集团历峰的合资企业，定位为西方品牌和中国消费者之间的连接器。阿里巴巴和历峰分别向发发奇和一家名为发发奇中国（Farfetch China）的合资公司投资了 5.5 亿美元，进一步打开了中国的巨大市场。

租衣平台 Rent the Runway

穿衣服可以脱离买衣服这种行为而存在。假设我们能在
云端穿衣打扮会怎样呢？

——珍妮弗·海曼（Jennifer Hyman）Rent the Runway 联
合创始人

Rent the Runway（简称"RtR"）是一家时装租赁服务线上平
台，是业外人士创新时尚模式的一个力证，这个模式具有巨大的
变革性，而传统品牌之前从未把它当回事。Rent the Runway 是传
统零售与千禧一代消费者价值观和时间需求相结合的产物。

放到上一代，这种平台其实是难以想象的。2010 年以来，许
多有钱的时髦女性开始经常在网上租"穿过的"服装和配饰，这
完全是通过线上、在未见到实物的情况下进行的。而且租赁的不
仅仅是手袋或晚礼服，还有从职场到社交生活的各种服装。

珍妮弗·海曼和珍妮·弗莱斯（Jenny Fleiss）在 2008 年就开
始酝酿 Rent the Runway，当时她们都在哈佛商学院读大二。两人
注意到，男性可以租一件燕尾服参加正式场合，而女性可能不得

不花很多钱买一套她或许再也不会穿的衣服，作为参加晚会或婚礼的必备服装。她们设想的"晚礼服在线租赁"业务将为每一位只穿一次奢侈品时装的女性解决这个问题。这个想法能否被接受，取决于女性是否会深吸一口气，穿上陌生人穿过的衣服。这两位珍妮认为自己的母亲做不到这一点，但千禧一代可能会这么做。

2009 年，她们的租衣平台终于上线，顾客租赁一件奢侈品时装的方式是以零售价的 10%—15% 的价格租用 4—8 天。这种租赁时间期限的模式还附加了一个"小字"条件。RtR 对还衣逾期收取每天 50 美元的罚款，对中途丢失衣物收取高达零售价值 200% 的罚款。这样一来，收费可能会超过租赁衣物本身的价值。

到 2016 年，RtR 新增包月无限次租赁服务 Rent the Runway Unlimited，这种时尚订阅服务取消了还衣逾期或衣物遗失的罚款机制，而且提供的服装不再局限于礼服等特殊场合用衣。一个月只需 159 美元，客户就可以租赁并持有四件衣服，并且想租多久租多久。还回一件后，可以换另一件来租。包月的费用还包括保险和来回运费。这个新理念可以满足顾客定期穿新衣服的愿望。退还回来的衣服会装在预付运费的箱子里送到公司仓库。入库后进行干洗，衣服上的小裂口或污渍也会修复。

RtR 的服务逐渐扩展到商务休闲装租赁——外套、连衣裙、短裙、休闲裤和牛仔裤，还有珠宝。休闲服装成为最受欢迎的租赁类别，而用于正式场合、派对礼服、职场穿搭和度假的服装与配饰也有顾客租赁。RtR 唯一没有出租的物品是内衣、睡衣和鞋履。

包月的用户如果想在穿过一件衣服之后把它留下，可以半价购买。这对于 RtR 是有利润的，因为 RtR 当初购买这些衣服的价格是建议零售价的 30%。Cinq à Sept 品牌的一件赛车服夹克在品牌门店的标价是 565 美元，但 Rent the Runway 花大约 170 美元购进，并在自己平台上卖到了 275 美元。RtR 每年还举办两次过季时装大减价，平均售价临近批发购进的价格。2021 年年中，非 RtR 包月用户也可以购买服装。这对时装精品店和线上卖家形成了更多价格竞争，而 RtR 平台上新的时装比其他平台上全新的便宜得多。

运营基于包月服务的租赁模式，需要物流和数据分析方面的专业知识。还需要说服犹豫不决的时尚总监与之签约。因为 RtR 无法预测顾客的归还日期，且流行的时尚单品风靡时间也最久，所以需要大量库存。RtR 还需要建立美国最大的干洗厂。

投资扩大库存、仓储空间和干洗厂需要大规模的资金。这意味着要向投资者（大多数是男性）推销时装包月理念。让他们投资的前提是，相信时尚可以像流媒体一样，被大众当作一项实用的服务。

Rent the Runway 通过阿里巴巴、凯鹏华盈（Kleiner Perkins）、贝恩资本（Bain Capital）和 *VOGUE* 母公司出版商康泰纳仕等资深投资者筹集了 2.1 亿美元的风险投资。谨慎的投资经理相信，女性确实会在云端租衣服，RtR 关于让用户的一半衣橱都挂起租来的衣服这一目标是现实的。Rent the Runway 2019 年年中的估值为 10 亿美元。两个珍妮各拥有该公司 13% 的股份。

到 2020 年年初，RtR 提供的云端时尚库存涵盖 550 个时尚品牌，多达 100 万件。许多都是高端时尚品牌：黛安·冯芙丝汀宝、汤丽·柏琦（Tory Burch）、酷布丝、普罗恩萨·施罗、吴季刚和瑞贝卡·明可弗。有些品牌甚至更具创意性与激进性，比如巴吉雷·米其卡（Badgley Mischka）和 Chiera。时尚作家开始用"从品牌图书馆借衣服"来形容 RtR。RtR 目前仍没有签下的用户需求最多的品牌是哪家呢？古驰。

RtR 的成本效益经济学让人心服口服。在采访中，海曼多次提到一组统计数据，在 2020 年之前，美国女性平均每年购买 68 件衣服，其中 80% 很少穿，或者从来不穿。"每个女人都有这种感觉，一打开衣柜，看到几十件只穿过一次便用不上的裙子。"女性在买衣服上投入了太多金钱，又不能把大部分衣服都捐给救世军慈善商店，重新开始再买。

RtR 消除了冲动消费的负面影响，让人们不再受到"不知道自己当时怎么想的"的困扰。顾客可以冒险租赁一条她可能永远不会买的迪高荧光红紧身连衣裙。如果她在家试穿之后发现并不喜欢，这条裙子也不会被扔进垃圾填埋场，而是传到了另一个用户的手中。这个理念的卖点在于克服了"衣柜里有用不上的衣服"这一问题。人们期望职业女性至少在 2020 年之前——每天都穿一套不同的时髦服装。而所有职场女性，尤其是回家要带孩子的女性，时间都很紧张。有了 RtR，她们可以晚上 10 点在线更新衣柜。

一个月 159 美元，一年就是 1900 美元。海曼为我们做了比较，"美国有 7500 万名职业女性，每年在职场穿搭上花费 3000 美元甚至更多，她们得到的价值就是 3000 美元。而我们的用户每年花费 1900 美元，去年平均每个用户获得了 4 万美元的价值"。

对于经常租赁的用户来说，成本效益的比较更具戏剧性。Rent the Runway 包月服务使用率前 20% 的用户，每年使用该服务约 150 次，超过了网飞或亚马逊 Prime 会员的平均使用次数。卡戴珊更新衣橱的频率也不过如此。关于这点还有个广为人知的故事，讲的是芝加哥一个名叫瑞秋·普斯特约夫斯基（Rachel Pustejovsky）的 25 岁姑娘，一个月里在 RtR 上租了 30 件衣物又还了回去。有一次，她在 Rent the Runway 零售店租了一只黄色的凯特·丝蓓品牌的包，拎着它去吃了个早午餐，然后马上还了回去。

时尚租赁有很多优点，但环保并不在其中之列。几项研究都表明，租赁比其他任何形式的所有关系（转售或穿久一些）产生的排放更多，因为将衣物从顾客的家送到仓库需要物流运输，而且还需要频繁干洗。

如今，海曼的时尚供应商有两种收入模式可选。第一种是向 RtR 出售服装和配饰。第二种则不需提供预付款。相反，RtR 与时尚品牌分享收入，分成比例取决于对该品牌时装的需求。共享收入的模式降低了 RtR 的库存风险，因为 RtR 不必预先支付服装费用。这种选择也为供应商带来了更高的潜在回报，对于流行款式来说供应商得到的回报远高于批发价。

海曼认为，Rent the Runway 并没有蚕食高端时尚品牌的销售额，而是取代了原本会流向平价品牌如飒拉、H&M 或亚马逊平台的销售份额。她说，"设计师们（最初）有一种感觉，以前他们在和其他设计师竞争……而现在设计师们明白了，他们是在和亚马逊竞争，在和飒拉竞争"。

截至 2021 年年初，业内估计 RtR 付费用户已达 10 万，大多数来自城市和沿海地区。这个数字还在增加，而驱动用户增长的主要原因不是广告，是口碑。海曼说，"我们看到了这种网络效应，一个女人订阅包月服务之后，又有 2 个，又有 8 个，又有 15 个，又有 25 个，接着又有 50 个"。RtR 的用户年龄中位数为 33 岁，家庭收入略高于 10 万美元。相比之下，在纽约的波道夫·古德曼百货（Bergdorf Goodman）或萨克斯第五大道精品百货店（Saks Fifth Avenue），顾客年龄中位数超过 50 岁，家庭收入接近 30 万美元。飒拉的顾客年龄中位数是 24 岁，收入未知，但肯定低于 RtR。

Rent the Runway 利用数据分析来指导公司的进货和面向顾客的选品推荐。RtR 的分析团队有 130 人。半数退回衣物的顾客都提供了反馈：尺码是否准确、衣服穿了多少次、在什么场合穿的，以及是喜欢、喜爱这件衣服，还是到退回时也没有穿过。RtR 掌握了顾客喜欢的风格和颜色，以及相关的穿衣场合。其中的关键问题是"你穿这件衣服了吗？"对于 20% 的衣物，回答是否定的。如果回答"没有"或者认为这件衣服"一般"，RtR 会记录下顾客不满意的原因，并与品牌合作方分享该信息。尺寸不对吗？这件衣服干洗多少次后仍可以穿？客户还租赁了哪些品牌（也可以看作该租赁衣物品牌的直接竞争对手）？

RtR 还通过一种算法向顾客推荐衣物，供其未来租赁时考虑。这些推荐基于其他有类似偏好的用户反馈——类似于亚马逊和网飞推荐新书和新电影的方式。海曼说："我们已经看到，人们以为自己想穿的是这样的，但他们最终穿的却是那样的。"她的希望是，RtR 算法能够逐步进化，精进对偏好的预测能力，让许多顾客信任 RtR 并把衣柜交给他们来策划管理。

Rent the Runway 在纽约、旧金山、芝加哥、华盛顿特区和洛杉矶都开设了实体店。虽然每个店的选品都很有限，但这些实体店可以向潜在用户推荐租赁理念，也让到店租赁、到店归还更加方便，而且这里还可以让顾客在租赁前试穿衣服。旧金山实体店是体验式消费的一个实验站点：店内有一个咖啡吧、一个美容吧、一个活动空间以及 20 个试衣间。

Rent the Runway 有直接的竞争对手，包括美国面向较低价格用户的托特衣箱（Le Tote）、Trunk Club 和 Nuuly，以及中国的衣二三（YCloset）。布鲁明戴尔百货和安·泰勒（Ann Taylor）等时装零售商也增加了租赁服务。纽约初创公司 Tulerie 为时装单品持有者提供了一个出租他们衣橱里的奢侈品时装的平台——尽管该公司更喜欢用"借"这个词。创始人梅里·史密斯（Merri Smith）和维奥莱特·格罗斯（Violet Gross）将租赁描述为一种将购买时装合理化的方式："如果我租借这只古驰包，就能更快地买下一只包了。"

2020 年，Rent the Runway 受到重创。随着失业潮涌现、居家办公成为常态和社交活动减少，对正式礼服和职场服装的需求也降低了。在停工期间，RtR 解雇了公司一半的员工。RtR 允许用户无限期搁置包月续费，这样客户就不会完全放弃这个平台。此外，RtR 关闭了位于大城市的零售店。同时，该公司放弃了无限次包月服务，2021 年年中，它推出了两档服务——用户可以每月花 89 美元租用 4 件衣物，或花 199 美元租用 16 件衣物。

经济低迷可能会让服装租赁和时装转售变得更加流行。在此期间，人们转向了线上服务，对可持续发展的意识也越来越强。共享经济强调的正是获取，而非占有。

一个名为"Seasons"的男士时装租赁平台于 2019 年在纽约上线。2020 年，Seasons 的用户数量迅速增加，之后急剧下降。Seasons 提供的品牌包括古驰、普拉达和玛尼，其中一些甚至是以零售价购进的。用户可以每月花 65 美元、95 美元或 125 美元的价格分别租用一件、两件或三件时装，或者以 175 美元的价格无限次包月。2021 年，Seasons 仍没有盈利，对于男性租衣平台的需求是否仍在持续尚没有定论。

Rent the Runway 和其他以女性为目标的线上平台，可能会在 2020 年之后的 10 年里成为时尚产业的终极颠覆者。

奢侈品时尚零售业未来何在？

媒体正在变成商店，所以，商店也必须变成媒体。商店不能只卖东西，还要卖体验——少卖点东西，多卖点故事。

——乔纳森·塔普林（Jonathan Taplin）《冲击波》（*Move Fast and Break Things*）的作者

最成功的零售商必须融合线上线下的业务……零售商们会把门店改成展厅、物流仓储空间，以及风格体验空间。

——皮尔斯·福克斯（Piers Fawkes）时尚市场情报公司

PSFK 创始人

2020 年出现的经济低迷加速了欧洲，尤其是北美零售业末日的到来。美国零售店的数量在 2011 年达到顶峰。现在，关店的数量和速度都在攀升，而开店的数量却在下降。根据零售咨询机构 Coresight Research 提供的数据，2018 年美国共有 5864 家店铺关门，这些店铺包括西尔斯（Sears）、凯马特（Kmart）、玩具反斗城（Toys R Us）。到 2019 年 4 月中旬，关店数量在 2018 年的基础上有增无减——全年约有 11 000 家商店关闭。2020 年，经济低迷加速了零售店面的倒闭，估计全年有 25 000 家关闭。

从 1970—2020 年，美国购物中心数量的增长速度几乎是人口增长速度的 2 倍。2020 年年初，即使在此前两年已有许多商店关闭，美国的人均购物中心面积仍是德国的 9 倍、法国的 5 倍、加拿大的 2 倍。这种趋势在亚马逊模式的时代里是难以为继的。

2020 年，许多时尚百货商场都在垂死挣扎。5 月，尼曼百货为其 43 家门店申请了美国破产法第 11 章规定的破产保护，其中包括其子公司波道夫·古德曼百货在曼哈顿的两家门店。第 11 章规定的破产保护是美国最常见的破产形式。这种形式允许申请企业在执行重组计划时继续经营。债务方提出一项重组计划，对于零售业，这种计划就意味着通过关闭一些店面来减少损失，通过找到买家或以其他方式产生新的资本，围绕债务减免进行谈判，或出售资产。在此过程中，债务方在法院的监督下继续经营企业。

8 月，美国历史最悠久的百货公司之一罗德与泰勒也申请了第 11 章破产保护。诺德斯特龙关闭了 19 家门店。梅西百货（Macy's）关闭了 50 家，并宣布将陆续再关闭 75 家。11 月，在伦敦，阿卡迪亚集团（Arcadia Group，Topshop 的母公司）和德本汉姆（Debenhams）相继申请破产托管（即英国版的第 11 章破产保护）。数百家已风雨飘摇的商场失去了这家主力店，而其他百货门店又无力替补这个位置。

购物中心和百货商场的消殒也许并不会引人缅怀。如今，网上购物成为便利与方便选品的代名词。过去百货公司的独家选品以及对商店的精心布置，现在网红和 Instagram 都能展现。购物中心对千禧一代及之后的新新人类来说已经不那么重要了，对他们来说，社交媒体才是首选的闲逛场所。

现实问题是，消费者已经不再需要在周六下午去逛实体店了。实体店——无论是不是奢侈品门店，必须赢得顾客的光临，而且提供的产品或体验必须是互联网无法复制的。假设一位女顾客在发发奇上看到一件衬衫，这件衬衫在品牌门店或萨克斯百货、波道夫·古德曼百货以及尼曼百货也有卖，那么什么能促使她来逛实体零售店？经济复苏时期的奢侈品零售商与剧院、电影院、体育赛事和周末旅行争夺消费者的自由支配时间。商店必须是人们想去获取分享体验（shared experience）的地方。与蒂芙尼和其他品牌合作的 FRCH Design 公司副总裁诺曼·罗伯茨（Norman Roberts）表示："你必须打造一种（时尚）体验，先把人吸引过来，然后才能让他们购物……人们会去零售商那里问，'有什么新款吗？你家都有什么款式？'"想想传统的香奈儿、雨果·博斯、圣罗兰或杜嘉班纳的品牌门店，每一家店都是不锈钢金属质地装潢，搭配有着间接照明作用的霓虹灯光，店员不动声色地提供贴心服务。这些门店是如何既能承袭品牌时尚，又创造出全新的惊喜体验呢？

当我向这类品牌门店的经理询问顾客的购物体验时，经理的回答通常离不开店面布局、装潢以及店内的高科技技术。今年的体验基本和去年一样，但又增添了奢华体验和一些新产品系列。2019 年，萨克斯百货完成了面积为 6500 平方米的纽约第五大道旗舰店的店铺装修，斥资 2.5 亿美元，其装修主题是"浮华与新产品"。店面中心区域是一条由荷兰建筑师冉·库哈斯（Rem Koolhaas）设计的红蓝相间的自动扶梯。店面天花板装满了 LED，让人产生头顶是一片蓝天的错觉。店内还新设了一个区域，名为"新星集锦"（The Collective），专门展示新兴时尚品牌的服装。手袋区、皮具区以及提供面部护理和其他护理的美容区都扩大了。

萨克斯百货可能值得一逛，去看看自动扶梯，看看新的手袋区。但是看过一眼，就没了新鲜劲儿。"新星集锦"中的一些时尚品牌可能是萨克斯百货独有的，但总的来说，该百货商场出售的85% 的商品在附近的商店也有销售，而且大部分都在线上有售。以上情况，足以让萨克斯百货成为你的"再费劲也要去逛"的目的地之一吗？

如果问身边朋友哪次零售经历让他们感到惊喜，你会发现他们告诉你的不是时尚精品店或百货商店，而是苹果体验店或 Eataly。Eataly 是一家意式超市餐厅，在美国、加拿大、日本、巴西和土耳其都设有店面。这些零售商提供的购物体验正是顾客渴望向朋友分享的。

服装展品能成为一种体验吗？虽然许多人将加拿大鹅（Canada Goose）归类为户外品牌，但它的高价位——有些外套要1000 美元以上，意味着有些人会把它看作奢侈品品牌。2019 年12 月，加拿大鹅进行了一项体验式购物实验，在多伦多一家购物中心开设了一个名为"旅程"（The Journey）的零售空间。顾客穿着派克大衣进入零下 12 摄氏度、白雪皑皑的房间。为了完成这趟

"旅程",顾客要穿过"冰隙"(The Crevasse)(仿造成冰川岩石的表面)。他们能看到冰在脚下移动的图像,还能听到移动的声音。他们能看到加拿大风景的投影视频,并通过衣服上的交互式激光目标"热点"了解加拿大鹅设计的 Snow Mantra 派克服的服装演变史。"旅程"空间没有库存。顾客可以从一台数字售货机购买商品,许多款式都能当天送达。至于那些没有购买的顾客,他们至少了解了加拿大鹅的品牌文化——也会乐于将自己的体验告诉朋友们。

另一种途径是利用在线数据来布置顾客进入商店时看到的场景。线上奢侈品零售商 Moda Operandi 的在线商店中,有一个只接受预约的展厅,该展厅会根据女性的在线浏览数据来安排陈设的产品。联合创始人劳伦·桑多·多明戈(Lauren Santo Domingo)说:"我们有这些女性消费者在网上的大量购物信息,由此可以为她们制造愉悦且充满惊喜的购物体验,一切都很自然,完全不刻意,但其实都是由数据驱动的。"

2020 年,商店纷纷调整策略,安排销售人员与消费者进行线上会面,从而为顾客居家办公的穿搭或送礼给出建议。商店关闭为汹涌的产品体验浪潮按下了暂停键,让人们转向了便捷、网购和家居用品,时装配饰退而次之。零售商希望这种转变只是暂时的。

经济低迷期间的网购提高了消费者对未来实体店购物的期望。消费者开始习惯于线上平台的个性化推荐和有用的产品信息。当他们到实体店购物时,这些服务的缺点会凸显出来。

关键一点在于让零售商从多渠道发展为全渠道。多渠道就是实现产品在实体店和线上平台都能买到。然而,正如许多读者所经历的那样,多渠道往往会产生谷仓效应,即销售人员只会对顾客购买的东西感兴趣。"顾此失彼"的偏见对于实行佣金或奖金制度的员工来说尤甚。

全渠道则意味着顾客可以在网上购买,然后到商店提货;或者在店内浏览,然后在网上购买。前者在 2020 年十分流行,使得 BOPIS [1] 一词在零售业愈发常见。在全渠道模式下,如果顾客在网上购物,是可以将购买的商品退回实体店的。顾客们已经习惯于在平价时尚或快时尚的门店退货,所以当他们发现香奈儿、思琳没有提供这种服务时非常惊讶。千禧一代认为,全渠道才是标准。

然而有一个问题尚未解决:如何在网上复制奢侈品零售的光环?时尚精品店为品牌提供了优雅的环境。但是,当爱马仕的产品在平板电脑上呈现时,如何才能体现优雅呢?如果没有实体店来传递品牌内涵,这个品牌如何支撑其奢侈品价格的合理性?一个解决方案在店内提供网上没有的精心布置和产品搭配,并提供更多的产品品类形成优势,让顾客在实体店内在线下单。

诺德斯特龙在洛杉矶开了三家"Local"概念店,在纽约开了两家,"Local"代表了一个小规模版本的未来零售店模式。每家

1　"buy online, pick-up in store or curbside" 的缩写,意为"在网上购买、在实体店或路边提货"。

"Local"店占地 280 平方米，没有库存。在这里，顾客可以咨询私人造型师的穿搭建议，线上下单后取货、退货，或者下新订单等待收货、改衣，或者与朋友一起喝咖啡。诺德斯特龙称，Local门店顾客的平均消费额是该百货公司顾客平均消费额的 2 倍。

2019 年 10 月，诺德斯特龙在纽约开设了第 57 家分店，是人们期待已久的百老汇店。店内有一个"Space"空间，这是一个专为新兴时尚设计师打造的概念店。商场里到处都是餐饮店铺，甚至鞋履分区还有一个酒吧。其中设立了一个提供按摩、头发护理和美容服务的专区，这些服务的具体流程是男士不应该知道的——其中甚至有肉毒杆菌注射。诺德斯特龙实现了全渠道，顾客可以在网上订购一套服装，在商店里试穿，或者在网上点击退货。如果顾客是短期游客，可以选择当天送货。

坐落在曼哈顿西区哈德逊城市广场（Hudson Yards）的实体店于 2019 年 3 月开业。哈德逊城市广场这个房地产开发项目投资高达 250 亿美元，主打体验式零售。这是一个集公共艺术装置、高级餐厅和 100 家奢侈品时尚和高端时尚零售店于一体的建筑综合体。首批入驻的品牌包括迪奥、芬迪、路易·威登、托德斯和汤丽·柏琦。此外还有多品牌集合店入驻，分别是尼曼百货（受经济影响，于 2020 年 7 月关闭）、Forty Five Ten 和 The Conservatory。The Conservatory 的推广标语就是"有生气、会呼吸的网站"。在这里的门店也是无交易、无库存的。顾客可以在现场试穿衣服并在线购物。购买的商品会从品牌仓库发货。

哈德逊城市广场是自 20 世纪 30 年代洛克菲勒中心以来美国

最大的私人房地产开发项目。该购物中心的建设目标是打造一个"自给自足的生活方式生态系统",项目包括 5 座写字楼、4000 个住宅单元、20 个餐饮场所、一家酒店、一个 335 米高的观景台,以及 1.6 公顷的公园和开放空间。该项目毗邻纽约艺术地标 The Shed,这是一个价值 4.75 亿美元的"可变式文化空间",该建筑共八层,内含一个剧院、两个画廊、排练空间和一个创意实验室。The Shed 的开幕展演云集了德国画家格哈德·里希特(Gerhard Richter)、爱沙尼亚作曲家阿尔沃·帕尔特(Arvo Pärt)和美国作曲家史蒂文·赖克(Steven Reich)的作品。纽约市为 The Shed 捐助了 7500 万美元。The Shed 原本会成为纽约时装周的永久场馆。但当开发商斯蒂芬·罗斯(Stephen Ross)在那里为特朗普总统举行筹款活动时,该计划就此搁置,因为筹款活动引发时装公司的抗议,表示拒不接受在 The Shed 举办时装周。

另一个网红地标是 The Vessel,这是一座高 45 米的 16 层雕塑式建筑,由托马斯·西斯维克(Thomas Heatherwick)设计,有 154 条相互连接的楼梯和 80 个平台,共计 2400 个台阶。

《纽约时报》报道称,哈德逊城市广场的税收优惠以及政府的直接支出,总共高达 60 亿美元,其中 24 亿美元用于建设纽约地铁 7 号线到该地标的延伸线。其他税收减免则覆盖该广场的奢侈品零售、住宅公寓和写字楼。这种税收优惠的目的通常是为了振兴萧条的街区。其金额之高,堪比纽约为吸引亚马逊在本市建新总部所提供的税收优惠金额的 2 倍。至于曼哈顿的其他奢侈品零售商或商业地产竞争对手对这样的巨额补贴做何感想,并没有相关报道。

哈德逊城市广场是全球仅有的几个大型零售房产开发项目之一，这些项目都以客户体验为中心。在与此隔哈德逊河相望的新泽西州，有一个"美国梦"购物中心，将利用景点形成零售吸引力的想法发挥到了极致。该购物中心于 2020 年 10 月开业，场地空间 55% 是娱乐设施，45% 是零售门店。"美国梦"购物中心坐拥世界上落差最高的过山车、世界最大造波机的水上乐园，以及从天花板可降雪 5500 吨的室内滑雪场。类似的购物中心还有洛杉矶的 Palisades Village、伦敦的 Coal Drops Yard，以及香港的维港文化汇（Victoria Dockside）。

关于体验式零售的尝试花样迭出，但始终需要回答的问题是：顾客在为 Instagram 摆姿势拍照，在人工造浪池中流连或在打了几轮迷你高尔夫球之后，是否会在手袋、鞋履和连衣裙上花钱。在没有政府补贴的情况下，这些新房产开发项目对于小规模项目具有可复制性吗？或者这样说，这种模式是只适用于城市地区的大型开发项目，且由政府拨款拉动投资吗？

而另一类体验式购物投资则不同。以伦敦牛津街的塞尔福里奇百货为例，从 2015 年开始，塞尔福里奇百货在没有政府补贴的情况下已投资 3 亿英镑，以巩固其作为娱乐和活动场所的地位。该百货公司称，这一战略是创始人哈里·戈登·塞尔福里奇（Harry Gordon Selfridge）自第一次世界大战开始便胸怀愿景，并延伸至今，即"百货商店必须成为一个舒适的、有趣的场所，一个社会地标。迎客在先，销售自来"。

哈里·塞尔福里奇认为零售就是戏剧。1909 年，法国飞行员路易·布雷里奥（Louis Blériot）成为第一个驾驶飞机飞越英吉利海峡的人，塞尔福里奇在店内展示了这架飞机，并精心安排了布雷里奥本人出场亮相。仅凭这两样，便吸引了 16 万参观者。

如今，塞尔福里奇百货公司新设了一个 5600 平方米的"配饰展厅（Accessories Hall）"，集中展示 100 个时尚品牌。塞尔福里奇百货要求每个品牌都要有让人意想不到的特色。例如，罗意威从西班牙进口了一面有 200 年历史的磨石来展示包袋。"配饰展厅"旨在释放出"开门迎客"的信号，而相比之下，今天门店常见的不锈钢和霓虹灯装饰传递的信号却是"大步穿过，目视前方，直奔目标区域"。塞尔福里奇自称已成为世界上最大的奢侈品配饰展销地。

塞尔福里奇百货商场的每个销售区里都有专门的餐厅和小酒吧。同时还有一个名为"艺术街区"（Art Block）的画廊空间，其中展有大型雕塑。顾客可以在这里与艺术品合照自拍，发到社交媒体上。塞尔福里奇百货公司的总经理安妮·皮彻（Anne Pitcher）谈到"艺术街区"时说："人们喜欢一起购物、一起逛博物馆、一起看电影。我们就是要让大家能在一起玩儿。人要寻开心，对吧？如果连开心都做不到，那还有什么意义呢？"

塞尔福里奇的"健身主题馆"（Body Studio）占地 3400 平方米，展示有运动装、内衣、泳装、睡衣和家居服，管理层认为这是千禧一代女性更喜欢的购物主题。内衣店中还有健康咖啡馆、理发店和瑜伽馆。女士可以到 FaceGym 享受 30 分钟的面部美容。

而男士则可以逛逛街头服饰店，那里有滑板池，可选的品牌有
Yeezy、Off-White 和 A Bathing Ape。

2019 年 11 月，塞尔福里奇百货开启了一项前所未有的千禧服
务——开设了 Vestiaire Collective 精品店。这是一个供顾客（主要
是千禧一代）买卖二手奢侈品时装的租赁门店，提供范思哲、阿
莱亚（Alaïa）和帕高（Paco Rabanne）等品牌的配饰和女装成衣。
Vestiaire Collective 在二手奢侈品全球市场中占据一席之地，这个
市场在 2019 年达到 260 亿欧元的销售规模，且主要在欧洲。该
平台的客户是千禧一代，换成千禧一代的上一辈和上上辈是永远
不会考虑购买二手奢侈品的。Vestiaire Collective 首席执行官马克
斯·比特纳（Max Bittner）说，千禧一代的顾客将平台上的二手
产品购物视为"寻宝之旅"。

然而，塞尔福里奇面临的问题是，它仍然是一家百货商场，
5.6 万平方米的占地面积太大，不能只提供时装和奢侈品。该百货
商场的许多产品也由邻近的商店、亚马逊以及其他在线供应商供
货。娱乐设施加上精心策划的时尚展销空间，是否足以吸引消费
者购物呢？毕竟，这些产品顾客也可以网购——而且更方便，很
可能更便宜，而且通常包邮，第二天就能送货上门。2020 年，塞
尔福里奇在经济低迷期间解雇了 450 名员工。据报道，2020 年
6 月，塞尔福里奇的所有者——韦斯顿家族正在向潜在买家寻求
报价。

体验式奢侈品零售的最新实验是路威酩轩集团旗下、位于巴
黎的莎玛丽丹百货（La Samaritaine）。它位于巴黎圣母院和卢浮宫

之间，经过不惜代价、耗时 16 年的翻新，于 2021 年 6 月重新开放，据说耗资 7.5 亿欧元——而且没有政府补贴。法国总统马克龙曾亲自主持该百货的重新开业典礼。

莎玛丽丹百货是一个新奇的综合体，有赖于它的地理位置、奢侈品服务、体验式零售，以及与之相邻、同属于韦斯顿家族的豪华酒店白马庄园（Cheval Blanc Paris）。占地两万平方米的莎玛丽丹百货是巴黎最小的百货公司，却是最大的概念店。有限的空间里经营着 12 家概念餐厅，提供 650 个时装、配饰、珠宝和美容奢侈品品牌。时尚和美食的融合是该百货商场体验的核心。这 12 家餐厅中有 Street Caviar（结合街头食品和鱼子酱风味）和 L'Exclusive，两家店都设在美容楼层。还有以克鲁格工作室和鸡尾酒酒吧为特色的 Voyage 餐厅，位于顶层，营业至凌晨两点。

该百货公司相关人员预计，"至少要到 2023 年年底"莎玛丽丹才会开始盈利。

终结者：亚马逊和人工智能

> 在亚马逊面前，传统的零售商对于千禧一代的消费者已经不灵了；亚马逊只要做精产品矩阵，它的重要作用就会显现。
>
> ——作者未知

> 世界上有两种公司：一种是尽可能让客户多付钱，另一种是尽可能让客户多省钱。我们要做第二种。
>
> ——杰夫·贝索斯（Jeff Bezos）亚马逊创始人

截至 2020 年 2 月，亚马逊是美国第二大服装零售商，仅次于梅西百货。当时亚马逊有 75 万名员工，是仅次于沃尔玛（Walmart）的全球第二大私营部门雇主。随后包括梅西百货在内的实体店关门之际，亚马逊却在 7 月—9 月间增加了 25 万名员工，到 11 月—12 月为满足激增的假日需求，又增加了 10 万名员工。与此同时，亚马逊的市值也上涨了几十亿美元，而大多数零售商的市值却接连下降。2021 年 6 月，亚马逊成为美国第一大服装零售商。比其自身销售总额更重要的，是亚马逊的卖家服务平台。我们最好把亚马逊看作一家大数据科技公司，只不过碰巧是卖东西的而已——同样的道理也适用于阿里巴巴和京东。

2021 年 6 月，亚马逊市值达 1.6 万亿美元，比路易·威登、爱马仕、雨果·博斯、吉米·周、萨克斯百货、罗德与泰勒百货、波道夫·古德曼百货、诺德斯特龙、狄乐百货、塔吉特、柯尔百货（Kohl's）和沃尔玛的市值总和还要多。亚马逊就此成为世界第三大最有价值的公司，仅次于苹果（2.1 万亿美元）和微软（1.9 万亿美元）。

亚马逊于 2020 年商品销售额超 4000 亿美元。其全球范围的配送包裹数达 140 亿个。亚马逊占美国网上零售规模的 40%—50%。消费者在网上购物时，更多的是直接在亚马逊搜索，而不是利用谷歌。

仅用一代人的时间，亚马逊便从一家在线图书、CD 和 DVD 销售商成长为世界上最强大的公司之一。除网购以外，亚马逊还广泛地参与了其他经营活动，包括机器人、消费类电子产品和食品杂货。亚马逊的云软件和相关服务使其跻身于全球最大的软件公司之列。亚马逊还制作电影、电视节目和电子游戏。2021 年 5 月，亚马逊收购了米高梅电影公司（MGM movie studios），同时将该公司的庞大影片库收入囊中。

此外，亚马逊也销售药品（以及其他各种销售品类）、出版书籍、提供广告服务、提供支付功能，并向其平台上的商户提供贷款。亚马逊有打入一个行业便毁掉一个行业的纪录在案，时尚公司只需要看看出版业和传媒业就知道了。

有趣的是，杰夫·贝索斯最初决定给公司取名为 Relentless. com [1]。同事们认为这个名字太压抑了，所以改为"亚马逊"（Amazon）——以世界第一大河命名。如今近 30 年过去了，当你在笔记本电脑或手机上搜索访问 Relentless.com 时，仍然会跳转到 Amazon.com 的页面。

纽约哈里森小镇的贝斯普克投资集团（Bespoke Investment Group）自 2012 年以来一直在跟踪 54 只零售股票。该股票指数被称为"亚马逊死亡指数"，囊括了因亚马逊参与竞争，最容易受到影响的行业中的公司。2012 年 2 月—2020 年 10 月期间，亚马逊的市值上涨了 640%，而标准普尔指数上涨 105%。亚马逊死亡指数 [2] 则仅增长 41%。

亚马逊之所以与客户的关系如此密切，部分原因是该公司致力于提供低价的选品，而且注重简化购买流程、响应客户需求。消费者向亚马逊提供个人信息、与亚马逊智能音箱 Alexa 对话，都是因为信任。许多客户不愿意向零售商提供任何信息，因为一旦提供信息，可能会导致邮箱充斥垃圾邮件和不相关的产品推荐邮件。更糟糕的是，提供的数据可能会被滥用。只有当用户有望获得回报时，才会提供信息。他们正是看到了亚马逊的价值所在。

1　"relentless"有"无情的""残酷的"之意。

2　亚马逊死亡指数是反映亚马逊等电商零售企业股票情况的指数。

亚马逊非常了解用户：它知道用户在亚马逊网站上浏览或购买了什么；它知道用户问了 Alexa 什么问题，或者在 Prime 视频平台上看了什么；它知道用户在网站上搜索了什么，将哪些加入了心愿清单，又浏览了哪些产品；它知道用户在 Kindle 上阅读的所有书籍，哪些段落做了突出显示，以及每本书都读了多少；它知道用户住在哪里，长期和谁住在一起，用户现在的位置在哪（如果你使用亚马逊智能手机应用程序），以及用户访问了哪些网站；它知道用户曾经寄过包裹的所有收件人姓名和收件地址；最重要的是，每次当某一用户搜索某样东西却没有点击购买时，就已经告诉亚马逊，市场上有一个需求尚未得到满足——要为像你这样的人提供产品。

欧盟委员会（European Commission）和美国政府正在通过亚马逊的数据开发和营销产品调查亚马逊是否构成损害竞争、违反反垄断法。对此可参考的一个解决方案是，像亚马逊这样拥有海量数据、在业内占支配地位的企业必须与竞争对手共享数据。如果这成为法律，考虑到披露信息的细节程度，用户可能会更不愿意向亚马逊透露个人信息。

亚马逊的第三方服务平台 Amazon Marketplace 拥有 650 万卖家。该平台的市场销售额是亚马逊自营平台零售销售额的 2 倍。Amazon Marketplace 提供仓储空间、运输网络、金融系统，以及一个覆盖数百万用户的平台，用户对于平台的广泛选品和一键式便利网购评价很高。

亚马逊利用从其他卖家产品的点击和销售中收集的数据，设计了自有的服装系列。在他们的网站上，大约70%的"单词搜索"都是泛化的类别："跑鞋"或"派对礼服"，而不是特定的品牌名称。类别查询让亚马逊在首页显示自营品牌产品。而其他品牌的产品则出现在第二页，通常标价是自营产品的2倍。

亚马逊在线上提供100多个自有服装品牌。有些以亚马逊品牌出售，有些则有诸如Society New York（女士职业装）和Lark & Ro（时尚女装）、Paris Sunday（女式连衣裙与休闲上衣）、Daily Ritual（女装基本款）和Ella Moon（波希米亚风格女装）等品牌名称。亚马逊表示，2022年，自有时尚品牌的收入将从2020年的190亿美元增加到250亿美元。而2019年，诺德斯特龙和波道夫·古德曼百货销售额总和的一半也不到250亿美元。

凡是在亚马逊网站上进行过购物搜索的人，亚马逊都能掌握其电子邮箱地址。亚马逊可以通过该邮箱发送提醒或推荐产品，或在其他网站上利用弹出式广告邀请消费者再次光临。假如亚马逊知道你看了一件衣服但没有买，它会进行价格测试，降低产品在不同市场的价格，以确定实现销售目标所需的定价。由于亚马逊掌握着顾客对其他卖家产品的评论，所以可以获得相关反馈，从服装的颜色到如何确保裙子适应于不同体型，再到如何确保服装经过多次洗涤后保持挺括有型。

通过亚马逊高级零售分析功能（Amazon Retail Analytics Premium），亚马逊平台上的品牌或供应商可以购买自身客户的数据（不含其他卖家的数据）。为访问这一数据库，卖家每年或支付10万美元，或支付平台销售产品成本的1%，以二者中较高者为准。这样他们能够获得收集的大部分（但不是全部）信息。

亚马逊在推动平台从平价时尚向高端时尚进阶方面下了不少功夫。它多次赞助 Met Gala 和时装周。尽管如此，多年来亚马逊平台上却很少见到高端品牌，奢侈品品牌更是没有。时尚品牌认为亚马逊网站的普通页面缺乏奢侈品体验的风格，随着时间的推移，这将导致品牌的商品化。但这种观感正在改变。2020 年年中，亚马逊平台上已有迈克·高仕、卡尔文·克莱恩、思缇韦曼（Stuart Weitzman）、古驰（男女腕表）、凯特·丝蓓、瑞贝卡·明可弗和酷布丝等品牌。

2020 年末，亚马逊推出了一项只针对高端时尚的计划。这是专为高端品牌打造的特许经营模式，品牌方只需支付一定比例的销售额，即可在面向消费者时，自行决定时尚单品的创意性展示方式。该模式与阿里巴巴集团旗下的天猫奢侈品网上商城类似。2020 年，古驰、巴黎世家、蔻依、范思哲和阿玛尼入驻阿里巴巴。

许多高端品牌虽也幸存下来，但在经济低迷情期间并不景气——即使是那些取得很大成功的品牌。从 2004—2019 年，有 130 个品牌角逐 VOGUE 时尚大奖。到 2020 年年底，130 家时尚公司中有一半已经倒闭或被出售。如果一个品牌不能在高端时尚界实现理想的市场份额且盈利，便很容易接受亚马逊承诺的销量和即时利润。

亚马逊还为全球 6500 万个家庭提供智能私人助理 Alexa 服务。Alexa 可以接受指令完成日常任务，包括：播放喜欢的歌曲、创建购物清单、查询信用卡余额、播放《纽约时报》新闻简报、询问旅游目的地的天气。Alexa 还可以查找航班、搜索酒店价格，为特殊场合订购鲜花、提供鸡尾酒配方。如果你告诉 Alexa 自己孩子的名字、年龄和性别，它就会每天晚上变着法儿给孩子讲定制的睡前故事。

Alexa 能在你买衣服时帮你参谋吗？要获得这种帮助，用户可以购买亚马逊的 Echo Look，比基本设备贵 20 美元。Echo Look 装有一个摄像头，可以通过人工智能来提供时尚建议。当女性（到目前为止，它只为女性服务）希望 Alexa 评价她的服装搭配时，可以在镜头前摆姿势。Echo Look 便能够拍摄下两套不同服装的照片，用一种风格分析算法进行处理（偶尔有人工帮忙），然后得出其中哪一套更好的建议。

亚马逊没有透露 Echo Look 的评价标准。它能为你的理想穿衣风格提供建议，就像网飞、Spotify 和脸书上的算法能够根据已有的用户行为提供购买或娱乐建议一样。判断时尚与否并不像看起来那么难，因为从照片中可以一眼看出体型和身材，而且颜色和剪裁是服装选择的关键。在撰写本书时，使用 Echo Look 时尚推荐功能的人并不多。但亚马逊表示，该公司有数千人在 Alexa 团队工作，其中许多人在开发这类应用程序。随着时间的推移，其时尚参谋功能将会改善，亚马逊的这个用户购物数据库将持续扩大。

Alexa 的算法将在未来的穿搭方面发挥更大的作用。下一步，Alexa 将结合用户行为以及整体消费趋势等相关数据，在用户穿着一件衣服站在屏幕前时做出相应判断："挺好的，但酒红色更适合你，可以再配一条百褶裙。"——然后它会告诉你亚马逊上有哪些这样的衣服可选。Alexa 可能会在你的照片上叠加显示其他服装款式，直到你找到一个喜欢的，并通过 Alexa 下单。

像 Alexa 这种算法可以创造自己的时尚美学。假设本季流行酒红色套装，因为许多 Echo Look 用户看到这种颜色都很喜欢。亚马逊自有品牌企业便会增加酒红色服装的产量，使用 Echo Look 数据的时尚品牌也随之增加产量。由于这款颜色很流行，Alexa 便会继续推荐，因此数据本身成为设计顾问。只要有足够多的顾客以及时装供应商信任 Alexa，就不需要人工干预。在推荐季节流行色或时尚风格设定方面，这种数据驱动的算法风格服务器是否比安娜·温图尔或路易·威登时装秀更好呢？

上述这些都表明，在线时尚平台亚马逊、阿里巴巴以及发发奇和 Rent the Runway 等平台——成为"21 世纪 20 年代赢家通吃"的典型案例。

亚马逊不太可能吸引奢侈品品牌，一部分原因是一旦这样做，就等于立即宣布这些品牌脱离了奢侈品时尚行列。短期内，杰夫·昆斯-达·芬奇手袋或同等档次的产品并不会出现在亚马逊的页面上，除非是转售货源。一些奢侈品将通过每个品牌的自家网站或发发奇、阿里巴巴等网站销售。

在经济复苏时期，亚马逊对高端时尚领域形成的一个优势便是其物流网络。它可以为客户提供第二天（在某些情况下当天）送货上门的包邮服务——而这是其他高端品牌在没有高昂的联邦快递或 UPS 快递费用加持下无法提供的服务。当顾客在时尚公司的七天到货与亚马逊的即时送货之间做选择时，很可能会倾向于获得即时满足。另一个优势则是亚马逊的庞大规模。如果亚马逊决定全力以赴地进军时尚领域，它能够承受多年亏损，而任何设计师或零售商却难以做到。

　　任何时尚品牌或零售商，在怀疑为什么一本讲高端时尚的书中有专门介绍亚马逊的章节之前，都应该考虑到亚马逊的这些优势。高街时尚当下正处于严重混乱之中。问问 Alexa，一问便知。

后记

我在探索奢侈品时尚界秘密的过程中，与时装设计师、零售买家、顾问、分析师和时尚作家以及时尚消费者进行了有趣的讨论。我没有任何时尚界的背景，而且愿意在采访前说明这一点，事实证明这其实是一个优势。如果一个时尚作家假装自己知识渊博，却问出一些天真的问题，那无疑会损害其可信度。采访对象通常会说，"你问这个问题情有可原"，然后对问题做出解答——事后还会给我发电子邮件，提供相关的例子。另一个重要的优势在于，我写的东西并不会在时尚杂志或报纸发表，因此时尚广告商对我写这本书没有任何影响。

时尚公司的公关人员对于为一个外行人安排会面的接受度比我预期的要高。公关的开放性印证了时尚产业的一条格言："只要能提到品牌的名字，所有的宣传都是好的。"在许多初期的接触中，收到的反馈不过是以前出现在新闻报道中的内容，但这些会面提供了一个跟进联络的机会——有时还会与这些时尚公司的高级管理人员进行进一步的采访沟通。

每次采访都打开了新的大门，提出了新的问题，让我一次又一次惊讶于奢侈品时尚的多层意义和多样影响，时尚总监、网络红人和安娜·温图尔的强大作用，以及背后似乎挖不完、讲不尽的故事。

有些采访是临时起意与邻桌衣着光鲜的女性进行的谈话。这种会话通常从对一只手袋的赞美和询问开始，接下来的半小时里，我会与这位女性和她的进餐同伴围绕时尚交流半小时，间或聊一聊桌上的甜点和白兰地。还有些采访，对象是萨克斯百货、诺德斯特龙百货、路易·威登和一些小型时装精品店的顾客和店内导购。时尚达人们谈论起服装的时候表情高冷，但充满激情。

这是一本关于女性时尚的书，男性时尚几乎只字未提。大多数男士不太关注时尚或时装秀（除了偷窥狂），他们一般都会按照裁缝的建议穿搭。大多数男人能认出詹姆斯·邦德在不同电影中驾驶的汽车型号（阿斯顿马丁 DB5、宝马等），但看不出他穿的服装品牌（布莱奥尼、汤姆·福特，或 2021 年电影《007：无暇赴死》中穿的马西莫品牌灯芯绒套装）。男装有很多著名品牌：杰尼亚、布莱奥尼、康纳利（Canali）、阿玛尼都在其中。但是除了皇家婚礼以外，几乎没有男士穿四年的西装或十年的燕尾服会招来评论或批评的社交场合。

在这本书里，我没有回答最重要的，也是最具挑战性的问题：奢侈品时尚能提升穿着者的幸福感吗？平均来看，穿香奈儿的人会比穿马克·雅可布的人或者那些穿平价品牌的人更快乐吗？背一只镀钯五金配饰的紫色鳄鱼皮铂金包，可能意味着在某些聚会上成为稳占 C 位最亮眼的女士，绝对能让背包的人引以为豪。可是除了这稍纵即逝的满足感以外，还剩下什么呢？

纵观现代史，大部分时间里是那些与你住得很近、有着相似职业和收入的人制订了着装标准。一个稍高一点的标准（比如镀钯）也会脱颖而出。如今，媒体和时尚界正明里暗里地建议我们向电视剧或 VOGUE《名利场》杂志中出镜的明星和运动员的穿搭标准看齐。即使明星不是对照的基础，但时髦精们清楚的是在时尚这条梯子上，她们所处的位置之上还有很多阶梯，之下也有很多阶梯。她们能往上爬多少级阶梯，上面就还有更多的人站在多少更高的层级上。

如果这种对照比较能给人们带来幸福，那么绝大多数人都会有挫败感。

本书在撰写的过程中得到了许多人士的帮助，对此我表示诚挚感谢。其中多位要求匿名，对于没有此要求的人士按字母顺序排列如下，奉上我的感谢：《时尚商业评论》主编兼首席执行官伊姆兰·阿梅德（Imran Amed），米兰安永公司费德里科·博内利，牛津大学吉莉安·布鲁克斯（Gillian Brooks），意大利国家时装商会卡洛·卡帕萨（Carlo Capasa），罗马顾问亚历山德拉·卡尔塔（Alessandra Carta），纽约花旗研究托马斯·肖韦（Thomas Chauvet）和丝尔特·阿加瓦尔（Silky Agarwal），佛罗里达州巴尔港艾克瑞斯（AKRIS）门店莫妮卡·柯林斯（Monica Collins），姬龙雪（Guy Laroche）前设计师、浪凡现任设计师阿尔伯·艾尔巴茨（Alber Elbaz），佛罗里达州巴尔港杜嘉班纳门店布莱恩·芬尼根（Brian Finnegan），伦敦博柏利首席执行官马可·戈贝蒂，伦敦时尚记者安娜·哈维（Anna Harvey），迈阿密尼曼百货乔希·赫尔南德兹（Josihs Hernandez），纽约现代艺术博物馆斯蒂芬妮·克拉默（Stephanie Kramer），巴黎时装设计师卡尔·拉格斐（逝于2019年），罗马顾问安东·雷维因（Anton Levahin），北京超模刘雯，多伦多亚马逊公司盖伦·麦克尼尼（Galen McEneaney），迈阿密日默瓦公司特雷西·米利亚乔（Tracy Migliaccio），纽约现代艺术博物馆克里斯蒂娜·帕森斯（Kristina Parsons），多伦多巴塔鞋履博物馆伊丽莎白·塞梅哈克，纽约文化顾问安朵斯·桑托（Andras Szanto），北京高盛高华首席中国经济学家宋宇，*VOGUE*杂志日本版主编渡边美津子。

我还想感谢麦肯锡咨询公司的高管和合伙人们所做的研究，其研究分析成果我在本书多次引用。安东尼奥·阿齐勒（Antonio Achille）是麦肯锡米兰办事处的高级合伙人兼奢侈品行业全球主管。娜塔莉·雷米（Nathalie Remy）和本杰明·杜兰特 - 瑟夫英（Benjamin Durant-Servoingt）在麦肯锡巴黎办事处工作；雷米是该公司在时尚数字化领域的全球主管。此外还有法兰克福办事处的阿基姆·伯格（Achim Berg），慕尼黑办事处的萨斯基亚·海德里希（Saskia Hedrich），奥斯陆办事处的马丁尼·德拉戈塞特（Martine Drageset），伦敦办事处的乔纳森·里昂（Johnattan Leon），新泽西州的索菲·马奇森（Sophie Marchesson），东京办事处的让 - 巴普蒂斯特·科尔曼（Jean-Baptiste Courman）和山川直美（Naomi Yamakawa），首尔办事处的金艾美（Aimee Kim）和上海办事处的卜览（Lambert Bu）。

我在构思和组织这本书的写作过程中，米丽亚姆·瓦拉迪担当了我的缪斯、时尚顾问和首席评论家。她建议从达·芬奇手袋写起。米丽亚姆原本会成为本书的合著者，但她发现我的经济和商业视角不如时尚界对艺术化的探索对她有触动性——这是她对这本书设定的最初主题。她将成为下一阶段将本书中一些话题改编成纪录片的合作伙伴，尤其是这部纪录片关注艺术化主题。

瓦妮莎·弗里德曼总能给我提供时尚界的专业见解。我们虽然只通过电子邮件联络，但我已陆陆续续阅读了她关于时尚界的几乎所有著作。她的背景很特别。瓦妮莎大学时期读的是历史，后到法国的一家律师事务所实习。曾在纽约生活的她，是一名自由撰稿人，在《名利场》《纽约客》VOGUE 和 ELLE 杂志上发过多篇稿件。1996 年，她移居英国，《金融时报》编辑露西娅·范·德·波斯特（Lucia van der Post）认为，她既然曾为时尚杂志撰稿，那么一定是一名时尚作家。于是弗里德曼顺理成章接受了一项关于靴子的写作任务。2003 年，《金融时报》专门创设了一个时尚主题版面，弗里德曼被任命为时尚编辑。2014 年，她跳槽到《纽约时报》，成为首席时尚评论家和时尚编辑。

大多数时尚作家侧重的是时装系列，而弗里德曼则在品牌的语境下对服装进行评估，同时关注设计师在表达什么，以及创新在社会、政治、艺术和时装业的语境中意味着什么。她写时尚界的人和事，文笔酣畅，文风清丽。对于任何想要了解奢侈品时尚业的人来说，她在"必读"书目上排第一位。

我的编辑西莉亚·海莉（Celia Hayley）人在伦敦，当她发现我发给她的写作手稿缺乏流畅性和衔接性，便针对如何修改润色给我发来委婉但详细的提示。我的搭档柯尔斯顿·沃德（Kirsten Ward）在编辑冗余的措辞时毫不留情，而且文稿中有大量术语行话，不是经济学领域的人则很难理解，他找出并提出更浅显易懂的表达来替换。本书章节之顺畅可读，思想之清晰晓畅，都要归

ツole

功于柯尔斯顿。玛丽·马克西（Mary Maxie）对书中表述和概念也提出了诸多建议。

我的文学经纪人约翰·皮尔斯（John Pearce）在韦斯特伍德创意艺术家机构工作，为我提供了支持和很多创意。塔米·博伊斯设计公司（Tami Boyce Design）负责封面和书籍设计。

最后，我要向两个人致敬，他们用各自的方式影响了时尚界的半个世纪。在这本书的写作过程中，他们先后离开了我们。2017 年 9 月 8 日，时尚界失去了伊夫·圣·罗兰合作伙伴、圣罗兰品牌的联合创始人皮埃尔·贝杰。

迪奥解雇圣·罗兰后，他和贝杰决定创建自己的品牌，并在巴黎的圣日耳曼区开了一家成衣店。贝杰为了给刚刚创立的企业融资卖掉了自己的公寓。他这样评价两人的时尚品牌："香奈儿给了女人自由，圣罗兰给了女人力量。"贝杰设计出一款香水，命其名为"鸦片（Opium）"。他是一位艺术收藏家和慈善家，也是高级定制设计师与创意设计师成衣公会 [Chambre Syndicale du Prêt-à-Porter des Couturiers et des Créateurs de Mode，现在的"法国高级时装公会"（Fédération de la haute couture et de la Mode）] 和法国时装学院（Institut Français de la Mode）发展壮大的幕后推手。他成立了皮埃尔·贝杰 - 伊夫·圣·罗兰基金会（Fondation Pierre Bergé - Yves Saint Laurent），致力于保护圣·罗兰的设计作品、支持文化和教育活动。《时尚商业评论》的编辑蒂姆·布兰克斯（Tim Blanks）说："没有皮埃尔·贝杰，就没有伊夫·圣·罗兰；没有伊夫·圣·罗兰，就没有我们所知道的时尚，无论是创意上的还是商业上的。"

2019 年 2 月 19 日，时尚界失去了 85 岁的卡尔·拉格斐。四十多年来，他同时为香奈儿、芬迪和自己的同名品牌设计时装，每年多达 17 个系列。他是 1960 年以来时尚界最多产的设计师，或许也可以与克里斯托巴尔·巴伦夏加并称为最受尊敬的设计师。他一手重塑了香奈儿，打造了一个让路易·威登、古驰、迪奥等品牌试图效仿的模式。他的亲密好友阿曼达·哈莱克（Amanda Harlech）在巴黎的追悼会上说，他最喜欢的一个放松方式就是晚上坐着敞篷劳斯莱斯在法国圣特罗佩的海滨公路上飞驰而过，一边听着车载音响高声播放的《波希米亚狂想曲》，一边跟着节奏在座位上跳舞。我脑海中的卡尔·拉格斐和他的世界，就是这样的形象。

皮埃尔·贝杰和卡尔·拉格斐是当今奢侈品时尚界的基石。自由飞翔吧。